PRÉVENTION D'OFFENSES

ENVERS

LA PERSONNE DU ROI DES FRANÇAIS.

COUR D'ASSISES DE LA SEINE.

PRÉVENTION D'OFFENSES

ENVERS

La personne du Roi des Français,

PUISÉE

DANS UN ÉCRIT CONSACRÉ AUX INTÉRÊTS DE LA COLONIE D'ALGER,

POURSUIVIE

CONTRE M. CAPPÉ, CROIX DE JUILLET, AVOCAT ET DÉPUTÉ
DE CETTE COLONIE.

DÉBATS RECUEILLIS A L'AUDIENCE ET PUBLIÉS
PAR UN STENOGRAPHE.

PRÉCÉDÉS DE L'EXPOSITION

D'UN EXEMPLE SUR MILLE

DES CRIMES, ATTENTATS ET PRÉVARICATIONS

COMMIS DANS LA GESTION DE LA RÉGENCE

PAR M. GENTY *se disant* DE BUSSY, INTENDANT CIVIL ET CONSORTS.

PARIS,

IMPRIMERIE DE GOETSCHY FILS ET COMP., RUE LOUIS-LE-GRAND, N. 35.

1834

COUR D'ASSISES DE LA SEINE,

Audience du 14 Mars 1834.

PRÉVENTION D'OFFENSES

Envers la personne du Roi,

Puisée dans un écrit destiné à révéler à l'ouvrier malheureux et inoccupé, une source de travail et de prospérité en Alger,

POURSUIVIE CONTRE M. CAPPÉ,

Avocat et Député de cette Colonie, son auteur.

DÉBATS RECUEILLIS ET PUBLIÉS PAR UN STÉNOGRAPHE.

M. Cappé s'est présenté devant la Cour sans avoir fait choix d'un défenseur qui, aux termes des lois, lui a été nommé d'office par le président. M. Renault, avocat à la Cour Royale, a dignement rempli cette noble mission, et après lui, M. Cappé s'est exprimé en ces termes :

« MESSIEURS,

» Je m'étais promis de garder un morne silence dans ce déplorable procès, et d'abandonner à votre sagacité et à votre justice l'issue d'un débat dont j'étais loin de présager l'origine et la cause ; mais l'impérieuse loi de la défense d'une part et de pressantes circonstances de l'autre, viennent de changer spontanément cette double résolution inspirée par les impulsions d'une bonne conscience. Je vais donc, après l'éloquente improvisation de mon officieux confrère, ajouter quelques paroles à son remarquable plaidoyer. Je sens toutefois le besoin, dans ma position, de réclamer votre indulgence ordinaire et votre spéciale attention, car j'aurai peine à me défendre de l'émotion que doit jeter en mon cœur la solennité de cette audience, la place que j'y occupe, le rôle que je dois y jouer.

» Pour éclairer le Jury, la Cour et mon nombreux auditoire sur l'impassibilité ou la retenue de mon caractère, il est rigueur, Messieurs, que j'entre dans quelques digressions avant de toucher au fond du délit qui m'est imputé, et j'espère qu'il ressortira de ce préliminaire essentiel le témoignage qu'incessamment dominé par mon obéissance aux prescriptions légales, j'ai toujours compris et rempli les devoirs d'un loyal citoyen, et qu'invariablement oublieux de mes propres maux, je n'ai combattu, avec une masse de griefs personnels, que l'outrage fait à mon prochain par les organes du Gouvernement sans jamais incriminer le Roi, chef constitntionnel de l'État.

« Messieurs,

» Tandis qu'heureux de ma fortune et de mon indépendance, je répudiai en juillet d'éminentes fonctions publiques offertes en prix de mes sacrifices et de mon courage durant les immortelles journées, j'acceptai, une année après, sous les bienveillantes sollicitations simultanées de MM. le comte de Laborde et duc de Rovigo, le poste de secrétaire-général du gouvernement de la régence d'Alger; mais la même ordonnance royale qui éleva M. le baron Pichon au titre d'intendant civil de ce pays, supprima les fonctions dont j'allais être investi. La faveur qui me fut si généreusement imposée et que j'accueillis non sans quelque contrainte, m'étant ravie, je voulus rentrer immédiatement à Paris, résolution à laquelle M. le duc de Rovigo s'opposa de toute l'autorité de son puissant patronage, et à ses instances réitérées, j'agréai le siége de juge royal à Oran, en attendant l'organisation très-prochaine, pensait-il, d'une cour royale en Alger au sein de laquelle je devais être attaché en qualité de procureur-général.

» Subjugué par ces promesses et ses vœux, je me rendis dans ma résidence où je remplis les devoirs judiciaires qui me furent conférés jusqu'à l'avénement d'un nouvel administrateur civil, dont les exigences et les procédés ravalaient la justice et ses organes à la condition ignoble d'exécuteurs serviles de ses haines et de ses caprices. Plus jaloux de mon honneur que de ma place je notifiai ma démission (1), ne voulant pas concourir aux souillures dont toute son administration est flétrie !

---

(1)   Oran, ce 30 août 1832,

Monsieur le juge royal.

J'ai l'honneur de vous adresser ci-joint, ampliation de l'arrêté de M. l'intendant civil de la Régence, qui accepte votre démission de la place de juge royal à Oran, et qui nomme M. Laujoulet pour en remplir provisoirement les fonctions.

Vous avez prouvé dans le court espace de tems que vous avez administré la justice aux habitans d'Oran, qu'elle était exercée par un homme instruit, bon légiste et juge éclairé, tout entier à ses devoirs. Je me plais à vous rendre ce témoignage, et vous prie d'agréer, Monsieur, les expressions de ma considération la plus distinguée.

Le sous-intendant civil d'Oran, nommé sous-intendant de la province de Constantine.

Marquis DESCALONE.

A Monsieur Cappé, juge royal à Oran.

Nous, maître des requêtes au conseil d'état, intendant civil de la Régence d'Alger, après avoir pris les ordres de M. le duc de

» De retour en Alger et forcé d'attendre huit jours le départ d'un bâtiment pour France, je profitai de ce laps de tems pour visiter les campagnes environnantes avec quelques amis. Au milieu de mes excursions agrestes je fus arrêté par l'aspect séduisant de la propriété de l'ancien ministre de la marine de la Régence ; elle était précisément à vendre, et, dans les vingt-quatre heures, j'en fus l'acquéreur. Encouragé par cette première opération et par de nombreux conseils, la semaine n'était pas encore écoulée que déjà je m'étais rendu cessionnaire de onze maisons de ville et de cinq immeubles ruraux, et j'avais pris la résolution de me fixer à Alger où désormais je cumulai l'exercice de ma profession d'avocat et la gérance de mes biens.

» Dans l'œuvre de mon ministère près des

Rovigo, commandant en chef les troupes françaises en Afrique ;

Avons arrêté et arrêtons ce qui suit :

Art. 1er. M. Laujoulet, notaire à la résidence d'Oran, y remplira provisoirement les fonctions de juge royal, vacantes par le départ de M. Cappé, dont la démission est acceptée.

Art. 2. M. le sous-intendant civil d'Oran est chargé de l'exécution du présent arrêté.

Fait à l'intendance civile d'Alger, le 27 août 1832.

Signé Genty de Bussy.

Pour ampliation et pour copie conforme.

Le sous-intendant civil,

Marquis Descalonne.

divers tribunaux, maintes fois j'eus le devoir de faire retentir une voix accusatrice contre les actes hideux d'arbitraire et de tyrannie, de spoliation et de vandalisme du pouvoir colonial; contre la condescendance coupable aux suggestions de l'intendant civil de la part de l'administration de la justice qui recevait les décisions tracées de ses mains; contre l'autorité militaire qui favorisait ou ne réprimait pas le vagabondage spoliateur de l'armée sur les propriétés des colons et des indigènes; contre la police qui attente assiduement aux lois et aux mœurs qu'elle aurait mission de protéger; contre le fisc enfin dont l'amassue pressure et anéantit le présent et l'avenir de ce beau pays. Ce langage énergique et franc, encore inoui sur cette terre de despotes, émut violemment tous ces proconsuls modernes, qui, voulant persister dans la voie honteuse qu'ils parcourent avec tant de profit, ne songèrent qu'à se venger du citoyen patriote et généreux qui dénonçait publiquement leurs perpétuelles avanies, et l'occasion ne tarda pas à s'offrir pour consommer ce détestable projet.

» Comme je l'ai dit, propriétaire de onze maisons en Alger, cinq des plus belles étaient occupées militairement par des officiers généraux, c'est-à-dire de vive force et sans indemnité, sans réparations aucunes, et livrées à un usage dévas-

tateur. Par actes des (1) 6 et 11 octobre 1832, je
fis sommation, avec signification de mes actes

---

(1) L'an mil huit cent trente-deux, le six octobre.

A la requête de M. Jean-Marie Cappé, avocat et citoyen français, demeurant à Alger, rue des Lothophages, n° 30, où il fait élection de domicile,

J'ai, Félix Salvaire, huissier royal et audiencier près les tribunaux de paix et de police correctionnelle d'Alger, dûment assermenté, demeurant rue Bab-el-Ouad, n° 53, soussigné;

Signifié, notifié 1° à M. le général Trezel, chef d'état-major-général, demeurant à Alger, rue du Soudan, n°..., en son domicile, en parlant à M. Prébois, capitaine d'état-major.

2° A M. le colonel Duvergier, sous-chef d'état-major-général, demeurant à Alger, rue Scipion, n° 66, en son domicile, en parlant à M. Knops, secrétaire de M. le colonel, ainsi déclaré.

3° A M. le maréchal-de-camp Danlion, commandant de la place d'Alger, y demeurant rue de l'État-major, n°..., en son domicile, en parlant à M. Bertrand, capitaine adjudant de place.

Que, attendu qu'aux termes de la capitulation d'Alger, les biens meubles et immeubles des Maures ont été garantis dans toute leur intégrité à leurs possesseurs légitimes: que, sous la foi de ce traité, consenti par une nation toujours fidèle à ses engagemens, des Français et des étrangers se sont rendus acquéreurs de propriétés ayant cette origine, soit à la ville, soit à la campagne :

Que, sans égard à ce pacte politique de tout peuple civilisé, l'armée, l'administration civile et militaire, s'emparent, à leur gré, de l'habitation du propriétaire sans faire constater une cause d'utilité publique et sans payer une juste indemnité, actes également contraires à l'équité et à la loi française, sous l'empire de laquelle est placée la partie occupée du territoire de la Régence d'Alger :

de propriété, à l'autorité militaire en la personne
du chef d'état-major général de l'armée et en

Attendu que, nonobstant cette violation de la propriété, affli-
geante sans doute pour l'autorité qui l'ordonne, mais désespé-
rante et ruineuse pour les particuliers qui la subissent, les
maisons occupées par ce mode, sont bientôt détériorées ou
avilies par la négligence ou les changemens de mauvais goût
de leurs possesseurs ;

Que, pour échapper à ce préjudice qui le frappe dans
cinq maisons qu'il possède à Alger, ou du moins pour
constater authentiquement sa protestation contre cet abus, que
la nécessité a justifié peut-être jusqu'à ce jour, et se préparer les
moyens ultérieurs de réparations et de justice, M. Cappé déclare à M. le chef d'état-major-général de l'armée d'Afrique, à
M. le colonel Duvergier, sous-chef d'état-major-général, et à
M. le maréchal-de-camp commandant de la place d'Alger, que,
par actes passés pardevant le cadi et le notaire d'Alger, enregistrés, il s'est rendu acquéreur, 1° de la double maison n° 65 rue
Philippe, actuellement occupée par les gens de M. le général
Feuchères; 2° de la maison sise place de la Casbah, actuellement occupée par des militaires de tous grades, cantinières, etc. ;
3° de la double maison n° 30, rue des Lothophages, actuellement
occupée par les gens de M. le général Buchet, tandis que le requérant, propriétaire de ces belles et vastes maisons ne peut
disposer que d'un petit et pauvre appartement dans l'une d'elles.

En conséquence de tout ce qui précède, mondit sieur Cappé
s'oppose, en tant que de droit, à l'occupation violente des maisons dont s'agit, et réclame, à titre de loyers, indépendamment
des dommages-intérêts pour les dégradations faites, dont il fait
expresses réserves, un loyer calculé d'après le tems de ladite
occupation et sur les bases suivantes : 1° de la grande et belle
maison située place de la Casbah, composée de quatre corps

celle du commandant de la place, de procéder,
aux termes des lois de juillet 1791 et mai 1792,

---

distincts de bâtiment, une somme annuelle de deux mille quatre
cents francs, à la charge, par les possesseurs, de rendre les
lieux en bon état de toutes réparations, tels enfin qu'ils étaient
lorsqu'ils furent occupés,

2° De la maison n° 65 rue Phillippe, composée de deux corps
distincts de bâtimens, la somme annuelle de deux mille quatre
cents francs, aux mêmes charges que dessus,

3° De la maison n° 30 rue des Lothophages, composée de
deux magnifiques corps de bâtiment, la somme annuelle de trois
mille cinq cents francs, aux mêmes charges que dessus,

Dans le cas où, nonobstant ses protestations et son bon droit,
l'autorité, dans l'impossibilité de satisfaire aux justes réclamations
qu'élève le requérant, persisterait à continuer l'occupation, soit
onéreuse, avec l'obligation de subvenir à tous les frais de réparations grosses et d'entretien et de les faire exécuter opportunément,
soit gratuite, des trois susdites maisons, M. Cappé requiert :

1° Qu'un état des lieux soit dressé entre les parties, avec le
concours d'un architecte de la ville commis à cet effet et en
présence d'un officier délégué par l'état-major ou la place, le
lundi huit octobre, heure de midi, en commençant par la maison
n° 30, rue des Lothophages, où est fixée la réunion,

2° Qu'inhibitions et défenses soient faites aux possesseurs
dont s'agit, de faire aucune espèce de changement aux maisons
sans l'autorisation spéciale et écrite du requérant,

3° De procéder au nettoiement et blanchiment des terrasses,
écuries, magasins et caves.

4° De tenir constamment en bon état de service les tuyaux
de conduite des eaux, les lieux d'aisances, les puits et citernes,

5° De faire signifier au requérant tous les événemens qui
pourraient compromettre la sûreté ou la conservation de la

à la confection d'un état des lieux et au déguer-
pissement, ou à la fixation et au paiement des
loyers sur estimation arbitrale.

---

propriété desdites maisons, dont la force l'aurait contraint
d'abandonner la possession et la surveillance ;

Toutefois, le requérant ne peut croire que la maison rue des
Lothophages, n° 5o, où il occupe déjà un mauvais appartement,
et que vient de quitter le général Buchet, soit de nouveau livrée
au logement militaire et soit refusée à sa demande : il serait en
effet par trop étrange de retenir tapi dans un trou, ou de mettre
dans la nécessité de loger à l'hôtel public, le Français propriétaire légitime de plusieurs maisons, alors que les indigènes,
Juifs et Maures, jouissent la plupart de la généralité de leurs habitations ; déclarant en outre le requérant, sous les plus amples
réserves, qu'à défaut de réponses et d'évacuation, il poursuivra
le paiement du loyer desdites maisons au taux fixé dans le présent, le premier jour de chaque trimestre ; à ce que mesdits
sieurs général Trézel, chef d'état-major-général, Danlion, maréchal-de-camp, commandant de la place, et Duvergier, colonel,
sous-chef d'état-major-général n'en ignorent, je leur ai, à domicile et parlant comme dit est, laissé à chacun séparément copie
du présent.　　　CAPPÉ.　　　　　SALVAIRE.

L'an mil huit cent trente-deux, le onze octobre, à la requête
de M. Cappé, avocat et propriétaire, demeurant rue des Lothophages, n° 5o, où il élit domicile ;

J'ai, Félix Salvaire, huissier près les tribunaux de paix et de
police correctionnelle d'Alger, dûment assermenté, demeurant
rue Bab-el-Ouad, n° 53, non sujet à patente étant en colonie,
soussigné,

Signifié, notifié,

1° A M. le maréchal-de-camp Trézel, chef de l'état-major-

Frappé de cette témérité insolite, inconnue même, l'autorité militaire, loin de songer à re-

---

général, demeurant rue du Soudan, n°..., en parlant à M. Prébois, capitaine d'état-major :

2° A M. le maître des requêtes, intendant civil à Alger, demeurant impasse Bruce, en son hôtel, en parlant à M. Lowasy, son secrétaire, ainsi déclaré :

3° A M. le général Danlion, commandant de la place, demeurant rue de l'Etat-Major, en son domicile, en parlant à M. Ruffé, capitaine-adjudant de place;

4° A M. Lemercier, lieutenant-colonel, commandant le génie, demeurant rue Philippe, n° 14, en son domicile, en parlant à M. Schuster, son secrétaire, ainsi déclaré;

5° A M. Duvergier, colonel, chef d'état-major de la division, demeurant rue Scipion, n. 8, en son domicile, en parlant à M. Knops, son secrétaire, ainsi déclaré.

Que : « Attendu en fait, que sans avoir égard aux défenses portées dans la protestation, en date du six courant, enregistrée le huit dudit, l'autorité militaire persiste non-seulement à faire occuper violemment les maisons du requérant, mais encore à faire exécuter des distributions nouvelles, pratiquer des jours, agrandir des fenêtres, construire et abattre des cheminées ; enfin commettre les actes les plus attentatoires à la propriété dans sa maison, rue des Lothophages, n. 30;

» Attendu en droit, que la loi française et la capitulation d'Alger, s'opposent formellement à ces mesures, mesures d'ailleurs qui ne répugnent pas moins à la raison qu'à la justice ; qu'en admettant, comme une inévitable nécessité, l'obligation par les particuliers, à défaut de propriétés domaniales suffisantes, de loger des militaires, on ne saurait leur imposer les goûts et les caprices de tels preneurs pour l'ordonnance et la distribution de leurs maisons : celle dont s'agit était le palais du ministre de la marine du Dey, et certes, elle est bien digne d'être, telle qu'elle

tracter ses monstrueuses pratiques de spoliation
dont elle poursuivait l'œuvre et la jouissance

---

est, à la convenance d'un officier supérieur français, qui prétend s'arroger cependant le pouvoir inoui dans sa position, de démolir et de construire et de procéder avec la même autorité, sinon avec la même circonspection, que s'il était propriétaire ;

» Attendu en équité relative , si la loi doit céder, que la charge du logement militaire devrait être générale et atteindre tous les propriétaires de maisons et non particulière , et n'en atteindre que quelques-uns ; qu'une contribution spéciale pour cet objet pourrait à plus justes titres être frappée sur toutes les habitations, en raison de leur importance et de leur valeur , et au moyen de ces fonds , il serait facile d'indemniser les propriétaires dont on a confisqué jusqu'à ce jour la propriété utile , et dont on hâte l'anéantissement de la nue-propriété ; »

Déclarant à Messieurs le maître des requêtes , intendant civil en Alger, à M. le chef d'état-major général , à M. le général commandant la place , à M. le colonel Duvergier , chef de l'état-major de la division , à M. Lemercier , lieutenant-colonel commandant le génie, que le pouvoir de s'opposer aux constructions, démolitions et dégradations qu'on est près d'exécuter dans la susdite maison n, 5o , rue des Lothophages, étant dans leurs mains , le requérant, propriétaire d'icelle entend les rendre solidairement responsables de tout ce qui serait fait au mépris des présentes ; à ce que Messieurs susqualifiés n'en ignorent, je leur ai domicile et à chacun séparément laissé copie du présent.

Coût quatre francs.

CAPPÉ.   F. SALVAIRE.

Enregistré à Alger, le douze octobre 1852 ,
Folio 112 , liv. II, n. 1985 , deuxième série

Reçu cinq francs.   GARRAN.

depuis la conquête , m'interdisait, par une sentinelle *ad hoc*, l'entrée de mon domicile, l'usage de l'eau pour ma consommation d'un puits placé sous le vestibule de ma double maison rue des Lotophages, n° 3o, dont la principale est encors violemment et gratuitement occupée par le général Bro (1), et recourait à l'intendant civil Genty ,

---

(1) L'an mil huit cent trente-deux, le vingt-trois octobre, à huit heures du matin ; nous, Édouard Lebon , huissier-audiencier, près le tribunal de paix et de police correctionnelle d'Alger, y demeurant, rue Jénina , numéro trente-quatre , dûment assermenté et patenté de première classe , sous le numéro sept cent soixante-dix-huit, soussigné ;

Sur la réquisition à nous adressée par M. Cappé , avocat, de nous transporter avec lui, accompagné de témoins, dans sa maison , numéro trente , rue des Lotophages, à l'effet de constater authentiquement la consigne qu'a donnée un capitaine de l'état-major de la place , se prétendant délégué par M. le général Danlion , portant interdiction de laisser entrer le requérant dans sa dite maison , ni dans la partie qu'il occupe, ni dans la partie qu'occupait naguère M. le général Buchet, auquel ont succédé ses domestiques.

Étant arrivé sur les lieux, accompagné de MM. Roux , fils, négociant, demeurant rue des Consuls, n° 1, Sarlande, commissaire-priseur, demeurant rue Babelouët, n° 105, et Urbain Ranc , avocat, demeurant rue de la Licorne, n° 2; nous avons interpellé la sentinelle placée dans le vestibule de ladite maison , sur la consigne dont s'agit , et elle a répondu qu'en effet l'ordre lui était donné d'interdire au propriétaire de la maison , et à ce titre seulement, le nom de la personne devant lui être indifférent, l'entrée du corps principal de la maison , autrefois l'ancien palais du mil'homme le plus implacable et le plus orgueilleux,

---

nistre de la marine du dey, sous quelque prétexte que ce fut; mais que le requérant pouvait entrer dans le petit corps de bâtiment en dépendant, autrefois la maison des esclaves,

En conséquence de tout ce qui précède, nous avons demandé au requérant d'abord, l'exhibition de son titre de propriété, lequel nous a été représenté, et consiste en un acte authentique en date du deux octobre courant, enregistré le six dudit, sous le numéro six cent quarante-deux, par Garson qui a reçu les droits d'enregistrement au taux de deux pour cent; et ensuite à la sentinelle, près de laquelle se trouvait précisément le chef du poste qui l'a fournie, de produire l'ordre écrit qu'elle prétendait avoir mission d'exécuter; le chef du poste et la sentinelle ont déclaré que ladite consigne leur avait été donnée verbalement par un capitaine d'état-major de la place et qu'ils devaient y obéir.

M. Cappé a protesté comme il proteste contre cette violation inique des droits les plus sacrés de la propriété; fesant toutes réserves de poursuivre devant les tribunaux et devant la chambre des représentans de la nation les auteurs, fauteurs et complices de ce grave attentat.

De tout ce que dessus j'ai rédigé, clos et arrêté le présent procès-verbal que le requérant et les témoins ont signé avec nous.

A Alger les jour, mois et an que dessus.

1er témoin.	2e témoin.	3e témoin.
Roux, fils.	SARLANDE.	U. RANC.

Le requérant, CAPPÉ, *avocat*.   E. LEBON, *huissier*.

L'an mil huit cent trente-deux et le vingt-quatre octobre, à la

le plus félon et le plus arbitraire de l'époque (1)

requête de M. Cappé, avocat, demeurant rue des Lotophages, n° 30, où il élit domicile.

J'ai, Edouard Lebon, huissier-audiencier près les tribunaux susdits, dûment assermenté et patenté sous le n° 778, demeurant rue Jénina, n° 34, soussigné :

Signifié et laissé copie à M. le général Danliou, commandant la place d'Alger, en parlant en son hôtel, rue de l'état-major, à M. le général lui-même, qui a refusé de recevoir la copie, et qui m'a répondu qu'il n'avait rien à faire *avec un fou comme M. Cappé;* je l'ai portée à M. le maire d'Alger qui a visé le présent procès-verbal, dressé hier vingt-trois de ce mois, à la requête dudit sieur Cappé sus-qualifié, par l'huissier soussigné ; lequel procès-verbal constate que le requérant proteste contre les ordres émanés des chefs militaires désignés audit acte, et qu'il entend s'y opposer par toutes les voies de droit ordinaires et extraordinaires autorisées par la loi.

Et à ce que M. le général Danlien n'en ignore, je lui ai remis, en parlant comme il est dit plus haut, copie dudit procès-verbal, dûment enregistré ainsi que du présent ; dont acte, coût quatre francs outre déboursés.

Nota. *Voir à la fin de cette brochure une pièce bien remarquable faisant suite au sujet.*

E. Lebon.

(1) En témoignage de la fourberie de son auteur, à cette même époque M. Cappé recevait la lettre suivante :

« Monsieur et Madame Genty de Bussy, prient M. Cappé de leur faire l'honneur de venir passer la soirée chez eux le mercredi 10 du courant. »   Alger, le 9 octobre 1832.

Nota. A la même date M. Genty recourait au ministère de la justice pour demander la destitution de M. Cappé du titre d'avocat: Turpitude et stupidité !

pour qu'il joignit ses efforts aux efforts communs de répression prémédités contre l'indocile auteur de prétentions si nouvelles; et l'intendant, prêtant une oreille favorable à ce complot et son concours à ses fins, fit intervenir, à sa requête, (1) l'admi-

---

(1) L'an mil huit cent trente-deux, le treize octobre à la requête de M. Genty de Bussy, intendant civil de la régence d'Alger y demeurant en son hôtel, impasse Bruce, poursuites et diligences de M. Girardin, directeur de l'administration des domaines, rue Jean-Bart, ayant constitué pour suivre sur la présente ins_tance le sieur Demoly, agent d'affaires, demeurant rue Boutin, n° 14, où domicile est élu. J'ai Martin Estellon, huissier, etc.

Donné assignation, pour le samedi 17 de ce mois, délai de trois jours, francs à M. Cappé, demeurant rue des Lotophages, n° 30, et pour ce, susdite requête, assigné à comparaître ledit jour, huit heures du matin, par-devant MM. les président et juges composant]a Cour de justice d'Alger, lieu de ses séances, rue Bélisaire, n° 7, pour s'entendre condamner à payer la somme de *dix mille francs* de dommages-intérêts à l'administration des domaines, pour l'a_voir troublée dans sa possession et propriété d'un immeuble, situé audit Alger, rue de Bone, n° 1, connu sous le nom de Palais du Kasnadjy, lequel trouble résulte de *divers actes extrajudiciaires* qu'il a fait adresser et signifier par Salvaire, huissier, et constatant une volonté manifeste de s'emparer dudit immeuble quoique n'ayant aucun titre, ni sur icelui, pourquoi il lui sera fait, par le jugement à intervenir, inhibitions et défenses de s'introduire dans ledit palais du Kasnadjy, ou de tenter de se l'approprier. comme il l'a fait, par tous lesdits actes qui seront à ces fins communiqués à la Cour, desquels le sieur Cappé ne peut prétendre cause d'ignorance puisqu'ils sont dressés à sa requête et signés de lui, et, pour ce, non signifiés en tête des présentes. Et j'ai, huissier soussigné

nistration du domaine public pour revendiquer, comme lui appartenant , l'une de mes propriétés occupées militairement. Assignation me fut donc décernée devant la Cour de justice « afin de voir déclarer nulle la vente qui m'avait » été consentie, avec *dix mille francs* de dom-» mages-intérêts pour avoir, *par la signification* » *d'actes*, troublé ledit domaine dans sa libre et » paisible jouissance ».

» On conçoit aisément l'accueil que devait recevoir cette inqualifiable demande formée par le chef civil de la Régence à des tribunaux dont il crée , suspend et révoque les membres à sa guise; cependant, pour compléter la certitude de son succès, il manda dans ses bureaux chacun des juges et leur imposa sa décision , voulant, disait-il, par une sévère leçon, réprimer cet écart et prévenir le retour d'un si funeste exemple ; mais dans ce ténébreux colloque , il omit de s'expliquer sur la quotité des dommages-intérêts prétendus; aussi la Cour, ne prenant pas au sérieux les dix mille francs requis dans l'acte introductif d'instance , se borna à évincer M. Cappé et à

---

laissé cette copie d'ajournement au sieur Cappé en son domicile , parlant à sa personne.

Signé Estellon.

le condamner en 200 francs de dommages-intérêts envers le domaine solidairement avec ses vendeurs appelés en garantie , et ceux-ci à lui restituer le coût de l'acquisition , les frais d'actes et à lui payer 500 fr. d'indemnité.

» Il importe de consigner ici, Messieurs , que le domaine ne produisant aucun titre pour justifier ses prétentions, ou en produisant un qui n'avait aucune affinité avec le litige, la Cour ne put se dispenser , sur ma réquisition , de commettre l'un de ses membres pour effectuer un transport sur les lieux; M. Joubert, l'un d'eux , reçut cette mission, et avant d'agir, M. Genty lui intima de nouveau l'ordre , *sous peine de destitution* , de vacquer dans l'intérêt exclusif du domaine. Père de famille , assez mal dans ses affaires , ce magistrat , honnête homme, dit-on, dut obéir aux injonctions formelles qui lui furent notifiées. En conséquence il ne s'entoura dans sa descente que d'indigènes employés à divers titres , plus ou moins ignobles , auprès de l'administration française, pour procéder à ce prétendu acte de notoriété , toujours resté dans le mystère et dont les conclusions cependant durent tendre à l'accomplissement des vues impies du maître et dispensateur de la position publique de ce pauvre fonctionnaire qui ne fut pas moins destitué dans la quinzaine de ce sacrilège.

» Mais, pendant qu'à la connaissance de la cité tout entière, frappée d'effroi de ce nouvel attentat, de cette violation de tous les principes de justice et d'honnêteté, se consommait cette trame si lâchement ourdie, de toutes parts, j'étais pressé d'accepter le mandat de porter à Paris les plaintes et les doléances de l'universalité des habitans de la Régence, Europééns et indigènes. Cette circonstance affecta vivement l'auteur de tant de maux dont l'énumération et la plainte formulée parcourait les rues (1). Pour mettre obstacle à ce projet, il imagine d'intenter appel,

---

(1) « Les soussignés capitalistes, agriculteurs, commerçans et industriels, ayant fondé des établissemens dans les possessions françaises de la régence d'Alger ;

» Considérant que la loi est le *palladium* de tous les droits et le guide de tous les devoirs dans l'association de la grande famille, et que tout en dehors de sa protection et de ses commandemens, n'est que caprice et arbitraire ;

» Considérant que la loi, même sous les gouvernemens absolus, ne se forme pas de la seule volonté du monarque, puisqu'à sa confection sont toujours appelés, au moins, les grands corps de l'État ;

» Considérant d'ailleurs, qu'après quarante années de glorieux combats, qu'après deux immortelles révolutions, le peuple français a reconquis ses libertés avec la souveraineté, et que nul, dans toute l'étendue de l'empire et de sa domination, ne doit reconnaître d'autre puissance que la sienne, d'autre législation que

in petto DEVANT LUI-MÊME de la sentence rendue
A SON PROFIT contre moi. En effet, un jour j'apprends, par une indiscrète et loyale révélation,
que le Conseil supérieur de la Régence, composé
de soldats et de commis, vient, jugeant en appel, de réformer l'arrêt de la Cour de justice,
de me condamner, même par corps, au paiement
des dix mille francs réclamés par M. Genty, l'intendant civil.

« J'avais toute la peine possible de croire, en
dépit de la fréquence des crimes judiciaires

---

celle émanée ou dérivée du pacte fondamental de ses constitutions ;

» Considérant cependant, que l'intendant civil de la régence
d'Alger proclame que, par *décision ministérielle*, sa volonté,
d'accord avec celle du commandant militaire, constitue la seule
législation du pays ;

» Considérant qu'au nom de ce pouvoir monstrueux, constamment les lois et la justice sont violées; les tribunaux subordonnés ou suspendus; la confiscation, la spoliation, l'emprisonnement et la déportation exercés; la propriété, le commerce,
l'industrie et la liberté individuelle menacés, attaqués et frappés;

» Considérant que ces actes de tyrannie et l'alternative de tant
d'iniquités ont tari, à leur naissance, les propriétés du pays,
anéanti les établissemens qui s'y étaient formés, et porté le découragement le plus profond et le plus désastreux dans tous les
esprits; qu'enfin la régence d'Alger, si cet état funeste des
choses n'a un terme prochain, est à la veille d'être abandonnée
par la population civile, événement grave qui serait la source de

journellement commis par ce tribunal non moins ignorant que servile , à l'existence de ce fait, par le triple motif que le jugement de la Cour était rendu en dernier ressort , que la signification même de ce jugement ne m'avait pas été faite, et que l'appel prétendu formé contre lui ne m'avait pas été signifié. On insiste cependant et l'on ajoute encore que la vérité est entière et que M. l'intendant civil, *rapporteur, juge et partie* du procès, a recommandé le plus strict silence de cette décision à tous ses obséquieux confrères, seuls présents, le public n'ayant pas été admis à

---

pertes incalculables pour les colons et pour la mère-patrie ; mais inévitable comme le moindre des maux :

» Considérant qu'à la plus courageuse victime des turpitudes du pouvoir dans ce pays ; qu'au citoyen patriote , qui pour notre défense , s'est voué à ses ressentimens et à ses coups après avoir répudié ses faveurs , appartenaient les suffrages spontanés de la confiance de nous tous, pour porter à la connaissance de la métropole, les calamités qui désolent et déchirent la colonie d'Alger, et qu'une administration paternelle rendrait si facilement heureuse et prospère ;

» En conséquence, lesdits soussignés , prient avec instances , M. Cappé , avocat et l'un des grands propriétaires de la colonie , d'accepter leurs plus amples pouvoirs et de porter en personne leurs réclamations et leurs suppliques au Gouvernement et aux Chambres de la métropole,

(*Suivent plusieurs pages chargées de signatures.*)

l'audience qui fut tenue à huis-clos. Force me fut donc d'ajouter foi à ce récit qui émanait d'ailleurs de l'un des auteurs repentans de la condamnation, et, en conséquence, je signifiai, à la date du 8 avril 1832, la protestation suivante :

« L'an mil huit cent trente-trois et le huit avril,

» A la requête de M. Jean-Marie Cappé, avocat à la Cour royale de Paris, demeurant actuellement à Alger, en sa maison, rue des Lotophages, n° 30, où il élit domicile,

» J'ai, Félix Salvaire, huissier audiencier près les tribunaux d'Alger, y demeurant, rue Bab-el-Oued, n° 35, dûment assermenté et patenté de première classe, sous le n° 108, soussigné;

» Signifié et déclaré :

» 1° Au secrétariat de l'intendance civile d'Alger, au lieu de son siége, impasse Bruce, où étant et parlant à M. l'intendant civil, Genty *de Bussy* ;

» A M. le directeur des domaines, au siège de la direction, rue Jean-Bart, n° 11, où étant et parlant à la personne de M. Bernadet;

» Savoir :

» Attendu, qu'à l'exemple de bon nombre d'Européens et sous la foi de la capitulation d'Alger, en harmonie avec le droit des gens qui garantit la propriété, *palladium* de toute société, le requérant s'est rendu acquéreur de plusieurs immeubles dans la ville et les environs d'Alger, par actes authentiques reçus par divers officiers publics compétents, et qu'il a fait notifier sa qualité de propriétaire à leurs détenteurs, au nombre desquels se trouvaient des militaires de tous grades qui occupent intégralement, contre son gré et sans indemnité, cinq de ses plus belles maisons, à titre de logement militaire ;

» Attendu que pour rappeler à leur exécution les lois violées, pour revendiquer des droits naturels à jamais imprescriptibles, la propriété, l'existence, la vie de l'homme (constitution de l'an 3), le requérant fit, à la date du 6 octobre 1832, sommation extra-judiciaire, tant au chef d'état-major général de l'armée, qu'au commandant de la place d'Alger : 1° de faire procéder, aux termes de l'art. 8 de la loi du 8 juillet 1791, à la confection d'un état des lieux de ses maisons, « afin de » pouvoir, à leur sortie, estimer, s'il y a lieu, les indem- » nités dues au propriétaire pour les dégradations com- » mises » ; 2° de faire ordonner en outre, aux termes de l'art. 26 du réglement annexé à la loi du 23 mai 1792, » que le prix des loyers fût fixé de gré à gré ou à dire » d'experts, et le prix arrêté, payé et sans délai » ;

» Attendu que les autorités qui la reçurent ne tinrent aucun compte de cette mise en demeure, et M. Cappé, au jour et heure indiqués, procéda sans obstacle ni pro- testation, mais seul avec un huissier, un architecte asser- menté et deux témoins, à la confection d'un état des lieux de deux de ses maisons connues, l'une sous le nom de palais du *Kasnasgi*, l'autre sous le nom de palais d'*Adgi-Yussouf*, lesquels états, constatant de déplorables faits, furent signifiés et au chef d'état-major général et au commandant de la place ;

» Attendu que l'administration des domaines, qui avait perçu les droits d'enregistrement, à la date 26 sep- tembre 1832, pour la vente de ces immeubles, au taux de 2 pour 100 sur la rente capitalisée au *denier vingt*, se prétendant ultérieurement propriétaire dudit palais du *Kasnadgi* qu'elle avait déjà converti en caserne, fit assigner M. Cappé, à la requête de l'intendant, par exploit du 8 novembre suivant, devant la Cour de justice d'Alger, «pour voir déclarer nulle ladite acquisition, et s'entendre »condamner en 10,000 fr. de dommages-intérêts, pour »l'avoir troublée dans sa jouissance; »

» Attendu que par un jugement, en date du 9 janvier 1833, et se fondant, à défaut de production de titres justificatifs de propriété, sur la prétendue notoriété publique, dont aucun acte, aucune pièce ne constate cependant les déclarations, la Cour de justice, faisant droit aux conclusions *de l'intendant civil,* adjugea le palais du *Kasnadgi* au domaine public, et prononça une condamnation en deux cents francs de dommages-intérêts à son profit contre ledit sieur Cappé, acquéreur évincé, solidairement avec ses vendeurs; et sur les conclusions en garantie, prises contre ces derniers par l'acquéreur aux termes de l'article 1630 du Code civil, la Cour : « Attendu que Mahmout et Joly ont *entendu vendre* à Cappé » le palais du *Kasnadgi,* déclare ladite vente nulle, et » condamne les vendeurs solidairement à rembourser à » Cappé les frais de l'acte, ceux de l'instance, et à lui » payer cinq cents francs de dommages-intérêts; »

» Attendu que ce jugement, en prononçant une condamnation en dommages-intérêts contre le requérant, acquéreur évincé, fait une fausse application des dispositions des articles 1599 et 1832 du Code civil, en même tems qu'il proclame une anomalie judiciaire en lui en adjugeant d'un autre côté; qu'il eût dès-lors pu désirer, dans le double but des principes et de ses intérêts, provoquer la réformation du chef de cette décision, qui

lui faisait grief, et recourir à cet effet au Conseil de la Régence, si d'une part la contestation n'eut pas été de nature à être peu favorablement accueillie par des militaires qu'elle attaque et dont il se compose en majorité, et si d'autre part surtout les arrêtés des 20 octobre 1830 et 21 janvier 1833 n'avaient déterminé : « Que les déci-
» sions rendues par la Cour de justice, sur les demandes
» n'excédant pas *douze mille francs en principal, indépen-*
» *damment de tous dépens, dommages-intérêts,* étaient sou-
» veraines et ne pouvaient être attaquées par la voie de
» l'appel ; »

» Attendu néanmoins que le jugement dont s'agit, bien qu'il n'ait eu à statuer et n'ait statué en effet que sur une demande principale inférieure à l'attribution, aurait été inscrit au rôle des appels par M. l'intendant civil, rédacteur cependant lui-même des dispositions limitatives de la compétence de la Cour de justice, et subi, à sa requête, la censure du Conseil supérieur de la Régence, dont un arrêté par défaut, révélé au requérant par la clameur publique, prononcerait contre lui, avec le mal jugé des premiers juges, une condamnation « en » dix mille francs de dommages-intérêts au profit de la » Caisse des domaines, exécutoire par toutes les voies de » droit et *même par corps ;* »

» Attendu que les soupçons du requérant, déjà justifiés par sa position particulière et par divers actes, confirmés aussi par les plus honorables témoignages, lui conseillent de tout craindre pour tout prévenir ;

» En conséquence, il déclare expressément :

» Attendu que le jugement de la Cour de justice d'Alger, en date du 9 janvier 1833, rendu contre le requérant sur les poursuites de M. Genty, ès-qualité d'intendant civil, qui a conclu pour le domaine, bien qu'il n'eût jamais cessé de posséder et jouir, en *réintégrande du palais de Kasnadgi*, (acquis sur estimation faite par le kadi, tant l'autorité militaire a délabré et déprécié cet immeuble, au prix seulement de deux cents boudjous de rente, ou 3o4 fr., représentant un capital de 7,25o fr. environ), et en *dix mille fr. de dommages-intérêts*, est souverain et ne peut être attaqué par aucune voie ordinaire, aux termes des arrêtés des 20 octobre 183o et 21 janvier 1833 (voir aussi sur ce principe un arrêt de la Cour de cassation du 3o janvier 1821) ;

» Attendu surabondamment que, pour interjeter appel d'un jugement, il est rigoureusement indispensable qu'il soit rendu en *premier ressort*, et que la signification en soit préalablement faite à l'intimé, à la requête de la partie qui l'a obtenue ; que l'acte signifié le 22 janvier dernier au requérant, n'est point un jugement, puisqu'il ne contient ni les noms, professions et demeures des parties, ni les conclusions, ni l'exposition sommaire des points de fait et de droit, ni l'intitulé, ni le sénatus-consulte qui doit le terminer (articles 141, 146 et 545 du Code de procédure civile) ; que cet acte n'est donc qu'un extrait informe, sans caractère, ni valeur, aux termes de la loi et de la jurisprudence ; qu'il est également indispensable que l'appel formé soit dénoncé à l'intimé dans les délais de la loi , ce qui n'a pas eu lieu dans l'espèce, ni avant, ni durant ni après ;

» Attendu que la pièce signifiée dont s'agit , fût-elle revêtue des formes substantielles qui constituent un jugement, on lui reprocherait, avec la loi et la jurisprudence, l'absence de réserves formelles d'appel, dans l'exploit de sa signification, en date du 22 janvier dernier, dont le défaut est un véritable acquiescement (arrêts de cassation des 12 février 1806 et 12 août 1817); on lui reprocherait encore, avec le même fondement, d'avoir été signifiée à la requête de l'intendant civil, au lieu de l'avoir été en celle de M. le directeur des domaines bénéficiaire, et seul capable, dès-lors, d'amener à exécution ou de faire réformer, le cas échéant, une sentence rendue à son profit ès-qualité;

» Attendu que des principes d'ordre, de morale et d'équité ont dicté au législateur l'exclusion au procès de juges qui seraient ou furent parties, conseils, etc. (art. 378 du Code de procédure civile, nos 4 et 8); et que dans l'espèce il semblerait impossible que M. l'intendant civil, membre et rapporteur né du conseil, eût pu, en interjetant appel d'une décision qu'il accuserait de léser l'administration dont il est le chef suprême, s'abstenir d'exercer sa haute influence sur ses collègues et de subir lui-même les passions communes à l'espèce humaine ; que par les mêmes motifs et avec la même sagesse, le législateur a proclamé divers cas de récusation contre les juges, au nombre desquels sont compris l'*inimitié capitale*, l'*agression*, la *menace*, l'*injure*, et le requérant venant d'être récemment attaqué, outragé par M. l'intendant civil, et encore par lui, et en son nom, par M. le commissaire général de police et par le procureur du roi menacé d'exil, de déportation d'Alger, pour faits prétendus d'opposition contre les actes de son administration, peine atroce, peine barbare que la civilisation réprouve et que la loi confie aux tribunaux seuls, était en droit et en mesure d'invoquer les dispositions du nᵉ 9 de l'art. 378 du Code précité ;

» Attendu enfin (toujours en supposant l'existence

d'un arrêté de défaut du Conseil supérieur, tel qu'il a été dénoncé au requérant par la notoriété publique) que la contrainte par corps qu'il aurait prononcée, n'ayant pas été requise devant les premiers juges, et les arrêtés organiques des juridictions de la Régence, d'accord sur ce point avec les lois de la procédure de la métropole (art. 646 du Code de procédure civile), refusant en cause d'appel, l'émission de nouvelles demandes, cette rigueur extrême ne servirait qu'à constater une violence, une illégalité de plus, préméditée contre le requérant ;

» Déclare, disons-nous, faire toutes protestations, oppositions et réserves contre tout ce qui pourrait être fait en vertu du prétendu arrêté de défaut du Conseil supérieur de la Régence, ou de tous autres actes d'exécution, au préjudice de ses droits, qu'il place, par ces présentes, sous la protection des lois, de la justice et de ses amis. Dont acte et a signé Cappé, avocat à la Cour royale de Paris.'

» *Signé* SALVAIRE, huissier. »

Je voulais reléguer ma défense, toujours inutile en de semblables occurrences, dans les seuls termes de cet acte, mais de nombreux amis me conseillrent de former une opposition en forme à la décision du Conseil après sa notification, qui, à la vérité, dans la pensée de M. Genty, ne devait pas m'être remise de manière à la connaître, s'en rapportant, sur ce point, aux habitudes de prévarication d'un sieur Bellaguet, huis-

sier , sa créature , son ami et son confident ;
en effet les espérances de l'inteudant civil allaient
se réaliser , si le hazard n'eut mis sous ma main
la signification de cette décision que furtivement,
appelé chez moi pour d'autres affaires , l'habile
Bellaguet glissa dans un carton de mon cabinet
avec la mention , parlant *à ma personne* , et au
moyen de cette nouvelle fraude le défaut acquer-
rait dans la huitaine, aux termes de la procédure
immorale et ignare décretée par l'intendant civil,
le caractère de la chose souverainement jugée.

» Au vu de cette pièce, je rédigeai et signifiai
l'opposition suivante :

A Messieurs les Président et Membres du Conseil d'Administration de la Régence.

Messieurs,

M. Cappé , avocat à la Cour Royale de Paris , de présence en Alger, demeurant en sa maison, rue des Lotophages , n. 3o , où il élit domicile ,

· Déclare se rendre opposant, aux termes de l'article 8
de l'arrêté de la Régence du 21 janvier 1833, à la décision du Conseil d'administration, rendue le 2 avril courant
et signifiée le 8 dudit, qui, réformant un jugement de
la Cour de justice d'Alger, en date du 9 janvier dernier ,
le condamne , par défaut et par corps , au payement
d'une somme de dix mille francs, à titre de dommages-
intérêts au profit de l'administration des domaines ,
« pour l'avoir troublée dans la libre et tranquille pos-

» session et jouissance du palais de Kasnadgi , en signi-
» fiant à l'autorité militaire, *qui le tient et le tenait occupé*
» *par des troupes*, les actes de son acquisition dudit pa-
» lais, avec sommation de procéder à la confection d'un
» état des lieux, et de faire des réparations. » Actes
du reste enregistrés par l'administration des domaines
qui a perçu les droits.

Par les motifs :

1° Que le Conseil n'aurait pu être valablement saisi
que par un acte d'appel signifié à la partie intimée,
prescription qui a été omise et dont l'inobservation a
rendu toute production de défenses impraticable (articles 5 et 9 de l'arrêté du 21 janvier 1833);

2° Que la décision du Conseil, poursuivie par M. l'intendant civil, ès-nom , a été rendue au profit de la direction des domaines, ès-qualité; et que ledit jugement,
ni l'appel n'ont pas été signifiés (art. 443 et 456, Code
de procédure et arrêté du 21 janvier 1833);

3° Que d'ailleurs le jugement de la Cour de justice,
ayant prononcé sur une demande, tant en principal
qu'en accessoires , renfermée dans sa compétence *souve-
raine*, n'était pas susceptible d'être attaqué par la voie
de l'appel (article 2 de l'arrêté du 21 janvier 1833) ;

4° Que l'intendant civil, partie en cause en qualité d'ap-
pelant, a participé, par son *rapport*, ses *avis* et son *suffrage*,
à la décision du Conseil (article 378, numéros 4, 6,
8 et 9, article 380 du Code de procédure civile);

5° Que M. le général, commandant en chef de l'armée, et le général, commandant de la place d'Alger ,
intéressés au procès , ès-qualités , ont siégé au Conseil
(article 378 , numéros 4 et 8, article 380 , *loco citato*) ;

Pour acquérir le droit de tenter de se faire relever

d'une condamnation prononcée à *huis-clos*, à *son insu*, avec le concours de *juges-parties*, en violation de toutes les lois, en la forme et au fond, M. Cappé, en exécution de l'article 8 de l'arrêté de l'intendant civil, en date du 21 janvier 1855, a déposé la somme de trois cents francs à la Caisse des Consignations !

Aux cinq moyens d'opposition qui précèdent, bon nombre d'autres pourraient être ajoutés, tant a été passionnée et irrégulière la procédure suivie devant le Conseil d'administration ; mais l'opposant s'en réfère à son acte extrà-judiciaire, sur la cause, signifié au secrétariat de l'intendance et à la direction des domaines, le 8 avril courant. Cependant une remarque sur l'importance de la condamnation et sur le caractère de l'attaque ne sera pas superflue, pour éclairer l'opinion et la justice du Conseil.

Et d'abord, le palais du Kasnadgi, naguère si beau, si riche, n'est déjà plus qu'un édifice en ruines, accusateur flagrant de la négligence et de la dévastation des militaires qui l'ont successivement occupé depuis la conquête ; palais dont la construction remonte à peine à dix années, palais que deux cent cinquante mille francs peut-être n'ont pas suffi à élever, et qui a été vendu le 26 septembre dernier à sa juste valeur, sur l'estimation du cadi et de ses kodgias, moyennant une rente annuelle de *deux cents réals boudjoux*, ou 374 francs, représentant un capital environ de 7,250 francs. C'est cependant, comme on l'a lu, pour avoir constaté l'état des lieux par un acte signifié aux autorités préposées à la conservation des propriétés publiques et privées dont elles disposent avec ou sans droit, que l'auteur de cet avertissement salutaire, judiciairement reconnu acquéreur de bonne foi, doit être condamné à une réparation de *dix mille francs*. Mais acquéreur évincé, c'est à lui, qu'aux termes des articles 1599 et 1630 du Code civil, devaient être accordés des dommages-intérêts, ainsi que l'ont fait les seuls juges compétens de la contestation ; et si un trouble, un préjudice avait pu être causé aux heureux prétendans à cette propriété, c'était au vendeur d'en subir la peine, selon le vœu de l'article 1382 du Code précité, portant : « Que tout fait quelconque » de l'homme qui cause à autrui un dommage (1), » *oblige celui par la faute duquel* il est arrivé à le réparer. » A qui *la faute*, s'il y a eu trouble, dommage ? Évidemment c'est au vendeur de la chose d'autrui. Eh bien ! ce n'est pas lui qui est inquiété ! C'est assez sur ce point.

Maintenant, je le demande, quel esprit de vertige et de vengeance a pu souffler l'attaque dirigée contre la décision de la Cour de justice, déjà elle-même assez empreinte de condescendance et de partialité, dans le double chef qui évince et condamne l'acquéreur, solidairement avec le vendeur, à payer *deux cents francs de dommages-intérêts* à l'administration des domaines, et qui n'accorde, à ce même titre, que cinq cents francs à M. Cappé, avec restitution des frais et loyaux coûts du contrat ? Il n'est pas d'effet sans cause, bien qu'en ait dit le père de la doctrine, j'en appelle à son adepte, mon puissant adversaire ; il y a cause et je vais le démontrer.

____

(1) L'article 1149 du Code civil est ainsi conçu : « Les dommages-intérêts dûs » au créancier sont en général de la perte qu'il a faite et du gain dont il a été » privé. » Et à l'époque où remonte le prétendu quasi-délit, comme en ce moment, le palais du Kasnadgi ne logeait qu'un ou deux officiers, une cantinière et des cuisiniers à soldats : le dommage et le trouble n'ont donc pas dû être grands.

M. Genty, transporté comme par miracle du banc
obscur de scribe au ministère de la guerre, sur le siége
éminent de premier magistrat civil de la régence d'Alger, ne songea plus, dans sa grandeur présente, qu'à
venger son infirmité passée. Il se dit : ma nature avait
reçu un outrage, lorsque recueilli chez le duc de Coigny,
je remplissais près de ce personnage, dont les destins
me réservaient la suprématie, les devoirs de l'anti-
chambre cumulés avec la garde des sceaux privés ; à
mon tour je serai maître et j'aurai des serviteurs! Tout à
cette pensée, il gronde, courrouce, gourmande et hu-
milie quiconque l'approche, quiconque, de près ou de
loin, est en rapport avec lui.

Pour ma part, juge royal à Oran, j'ai donné ma démission pour échapper aux coups de boutoir de cet administrateur ; et d'autres fonctionnaires depuis, cédant
au même besoin, ont suivi mon exemple.

Cependant, déjà propriétaire de plusieurs immeubles
dans la ville et les environs d'Alger, attaché au sol, au
climat, aux prestiges d'un pays qui promet, sous une
administration intègre, loyale, éclairée, l'avenir le plus
prospère, je m'y suis fixé, et je joins à la surveillance
de mes propriétés l'exercice de ma profession d'avocat.

Entraîné par l'intérêt que je porte à mon pays d'adop-
tion, et placé dans une sphère à découvrir, comprendre
et signaler les abus, les inepties, les négligences, les
vices et les imperfections de l'administration, j'ai parfois
fourni, avec l'effusion de l'indépendance, mes reproches
et mes projets à M. l'intendant Genty, qui, dans son
intolérable raideur, alors même qu'il en proclamait la
justesse, en rejetait opiniâtrement les enseignemens,
sous les puérils prétextes que j'aurais manqué aux formes

dans leur exposition. Les pièces suivantes témoignent en faveur de mon assertion.

Lettre de M. CAPPÉ, Avocat,

A M. Genty, *Intendant.*

Alger, 30 novembre 1832.

Monsieur l'Intendant,

« Plusieurs administrateurs de mérite , dit-on, se sont succédé depuis l'occupation française dans la régence d'Alger, et tous, en passant, n'ont laissé pour souvenirs que des ruines à fouler , que des griefs à leur faire. En continuant vos prédécesseurs , dès que tel est le génie de l'administration, vous pourrez, Monsieur l'intendant, mieux inspiré qu'eux , élever, à côté de ces décombres et de ces incriminations , un monument durable à la science du droit, également réclamé par les besoins de la justice et les intérêts de la colonie.

L'arrêté du 22 octobre 1830 , organique des pouvoirs judiciaires dans la Régence , a posé en principe que les tribunaux appliqueraient , selon les circonstances , les lois indigènes ou françaises. La pensée était sage et généreuse; mais le législateur , il est vrai , était général d'armée et croyait, sans doute , commander des évolutions à l'intelligence , comme il les commandait à ses colonnes , ou bien il supposait la prescience aux magistrats qu'il improvisait sur le champ de bataille.

» Il est tems enfin de redresser cette double erreur et d'appuyer l'idée première , très-judicieuse sans doute , des élémens qui en peuvent développer les fruits.

» Il est peu de pays , ou plutôt il n'en est pas , où toutes les lois soient écrites ; la France elle-même , qui cependant s'est placée la première , par la codification , parmi les nations les plus soigneuses de leur législation, reconnaît les coutumes et les usages locaux dont elle respecte et commande même l'observation.

» La foi musulmane , qui est aussi la loi positive , régit la régence d'Alger ; et cette foi est , à quelques versets près du Koran , toute dans les traditions gardées par les ulémas ; sont spécialement dans ce cas les divers modes d'acquérir et d'hypothéquer , les constitutions de servitudes actives et passives, les baux à ferme et à loyer, toutes matières de nature à contestations fréquentes , et dès lors indispensables à connaître par les magistrats préposés à la distribution de la justice dans ce pays. Il importe donc essentiellement de leur en faciliter l'étude par le rapprochement des lois , coutumes et usages locaux , avec les lois françaises.

» Ce but peut s'atteindre par la réunion d'un comité exerçant *ad honores* , composé des muftis , des cadis, de deux interprètes des deux langues, et d'un légiste français.

» Ce comité serait convoqué deux fois par semaine , dans le domicile de l'un de ses membres , et il procéderait à ses travaux dans l'ordre des titres, chapitres et sections du Code civil. Sous le texte de chacun de ses articles seraient recueillis et annotés les analogues de la législation écrite ou coutumière du pays, et cet ouvrage, ou plutôt ce travail serait un bienfait immense pour tous ses habitans et très-digne d'honorer l'administrateur qui , le premier , aurait encouragé son exécution.

» Voilà , Monsieur l'intendant , comme le véritable

patriote se venge des iniquités et des outrages du pouvoir (1).

J'ai l'honneur d'être , etc.

CAPPÉ, *Avocat.*

P. S. Ma lettre étant destinée à être publiée dans les
journaux de Paris, j'ai l'honneur, Monsieur l'intendant,
de vous en demander un accusé de réception et votre
avis.

RÉPONSE DE M. GENTY A M. CAPPÉ.

Monsieur ,

« L'administration qui m'a précédé ne pourra, sans
» doute, qu'être fort reconnaissante de la bonne opinion
» que vous avez d'elle, et je ne sais, en vérité pourquoi
» vous ne préférez pas lui adresser vous-même et direc-
» tement vos félicitations.

» Il suffit que vous me requériez de vous accuser ré-
» ception de votre lettre et de vous donner un avis que le
» gouvernement, *duquel je relève, a seul* le droit de me
» demander, pour que je refuse *formellement* de faire
» l'un et l'autre.

» *Je vous serai fort obligé de ne m'adresser* AUCUNE QUESTION
» sur la direction que je crois devoir donner à l'adminis-

---

(1) A cette même époque, je sollicitais, vainement près de l'autorité, une
chambre dans l'une de mes cinq maisons occupées militairement, et j'étais aussi
débouté de cette demande que je venais de porter devant les tribunaux. Le jugement est à la fin de cet écrit.

» tration qui m'est confiée, ou je vous préviens que je

» les *laisserai désormais sans réponse* ».

Je suis très parfaitement, etc.

Alger, 2 décembre 1832.

Signé GENTY.

« A une époque encore récente, je me plaignis à M. l'in-
téndant des inexactitudes de l'administration des postes,
qui avait retenu dans ses bureaux une lettre à mon
adresse, contenant une inscription de rente cinq pour
cent, et, en réponse, je reçus, par son entremise, le
rapport que lui faisait, à cet égard, M. le directeur Grillet,
rapport où, pour faire hommage au chef sans doute, ne
furent ménagés, ni le sarcasme, ni l'outrage, avec la
note suivante :

» L'intendant civil remet à M. l'avocat Cappé, la réponse qu'il vient de recevoir de la direction des postes
d'Alger, il le prévient que toute autre plainte de sa part
qui serait aussi dénuée de *preuves* que celle qui faisait
l'objet de sa lettre d'hier, *serait désormais laissée sans
réponse.* »

(*Sans signature.*)

Peu de jours s'étaient écoulés depuis cette gracieuse
réparation, lorsque désespérant de fournir les *preuves*
réclamées par M. l'intendant, une circonstance heureuse me la fournit ; en conséquence j'écrivis cette
lettre :

Alger, 13 décembre 1832.

Monsieur l'intendant,

« Les doutes offensants pour mon caractère que

M. Grillet a émis, et que vous avez appuyés au moins, en me les transmettant, sur la plainte que j'eus l'honneur de vous adresser le 20 novembre dernier, à l'occasion de la perte ou de la soustraction d'une inscription de rente à mon profit, sur le grand-livre, que devait m'avoir expédié, par la poste, mon agent d'affaires à Paris, viennent de recevoir la condamnation la plus complète.

» Aujourd'hui 13 décembre, j'ai trouvé au bureau des postes d'Alger, une lettre à mon adresse, au timbre de Paris, 25 septembre et d'Alger 3 octobre, contenant cette inscription. Comment peut-il se faire qu'elle soit si long-tems restée dans l'oubli, quand j'ai le soin scrupuleux de me rendre moi-même à l'administration, à l'arrivée de chaque courrier; qu'à la date du 28 novembre, j'ai reçu, en retour à ma demande écrite, une déclaration qu'elle n'avait rien à mon adresse, et lorsque la réponse si inconvenante à mes réclamations récentes supposait une recherche préalable ? Je ne tenterai pas d'émettre mon opinion à ce sujet, pour la soumettre à M. l'intendant, qui n'en tiendrait nul compte, ni de celle-là, ni de tout autre émanant de moi.

J'ai l'honneur, etc.

Signé CAPPÉ, avocat.

» *P. S.* Pour prévenir un nouveau doute sur la sincérité de mes paroles, j'ai donné communication à l'un de MM. les préposés aux postes, sous les yeux duquel j'ai rompu le cachet de la lettre qu'il m'a remise, de l'inscription de rente qu'elle contenait. »

Mes pressentimens étaient certes bien fondés : M. l'intendant me fit retour de cette lettre, en marge et dans les interlignes de laquelle il écrivit :

« J'ai déjà eu l'honneur de *vous écrire*, de *vous dire* et
» de *vous faire dire*, Monsieur, que je ne répondrais à au-
» cune lettre inconvenante de votre part. Celle-ci a
» pourtant encore ce caractère; je vous la renvoie pu-
» rement et simplement, et je vous préviens que *je vous*
» *renverrai désormais et* SANS LES DÉCACHETER, toutes celles
» que vous m'adresserez à l'avenir DANS CE STYLE. »

(Sans signature.)

» Enfin pour couper court à ces reproches, dont le
nombre pourrait se multiplier à l'infini, reproches tous
révélateurs de la nature malveillante et haineuse de
M. Genty, tous bien dignes de légitimer sa récusation
dans un procès où il s'est, tout à la fois, constitué mon
adversaire et mon juge ; je vais terminer par les faits
suivants :

» Je recourais à l'autorité militaire, dans la personne
de M. le chef d'état-major général de l'armée , et à l'autorité civile , dans la personne de M. l'intendant , pour
faire cesser l'abus de l'occupation, et sans indemnité, des
propriétés particulières, par les militaires et autres fonctionnaires. Je qualifiais, il est vrai , mais avec l'autorité des lois, ces actes de confiscation , de spoliation ;
et l'énergie (jusqu'à ce jour inconnue dans la Régence,
tant est profonde la crainte d'un embarquement arbitraire) de mes réclamations, et ma persévérance à les
reproduire sous toutes les formes, dans toutes les occa-
sions, dans tous les tems , en place publique , dans les
salons , dans mes plaidoiries devant les tribunaux , me
suscitèrent le procès de M. Genty, qui trouva les moyens
de me dépouiller judiciairement du palais de Kasnadgi ,
et qui aujourd'hui, pour complément à ce préjudice ,
et à son triomphe, *poursuit et prononce* ma condamnation

par corps , *et en dix mille francs de dommages-intérêts* , après avoir tenté d'arracher au duc de Rovigo , alors gîsant dans un lit de douleur, l'ordre de ma déportation en France, de mon expulsion d'Alger; ordre dont il me menaça lui-même et dont il me fit menacer, en son nom, par M. le commissaire-général de police, par le procureur du roi et par le secrétaire de l'intendance, de faire irrémissiblement expédier et exécuter , si je persistais à me plaindre et à investiguer les actes de son administration.

Par ces motifs et ceux contenus en sa protestation du huit avril dernier, signifiée à M. l'intendant Genty et à M. le directeur des domaines.

M. Cappé requiert :

1°. Que ceux de MM. les membres du Conseil qui sauraient cause de récusation en leurs personnes , s'abstiennent de participer à l'arrêt à intervenir ;

2° Que le Conseil le reçoive opposant à l'arrêt de défaut rendu contre lui le deux avril courant, et notifié le huit dudit , et le relève des condamnations y portées.

Et statuant à nouveau sur l'appel,

Attendu que le Conseil n'a pas été légalement saisi ;

Attendu, d'ailleurs, que le jugement de la Cour de justice, dont est appel, a été rendu en dernier ressort, et qu'il est *souverain ;*

Déboute le directeur des domaines , soit l'intendant civil, et les condamne aux dépens;

Ordonne que les trois cents francs déposés en la Caisse des consignations , aux fins de son opposition , soient restitués sans délai à M. Cappé.

Le Conseil fera justice.   *Signé* CAPPÉ , *Avocat.*

« Les moyens développés dans cette pièee, faite opportunément , revêtue de toutes les formes prescrites par les arrêtés locaux et par nos codes, ne servirent qu'à conseiller le changement des motifs de la condamnation par défaut, qui d'absurdes devinrent calomnieux , et à en aggraver les peines, puisqu'on y lit un considérant qui me met en prévention d'un délit d'offenses, sans qualification, envers des autorités françaises, non désignées, dans l'exercice de leurs fonctions. Mais personne ne s'abstint, pas même M. Genty. La disposition additionnelle, illégale et mensongère avait bien son objet. On savait que j'étais en mesure de payer dix mille francs, et que d'ailleurs mes commettans en masse auraient comblé l'insuffisance de mes moyens ; impossible donc d'empêcher mon départ tant redouté, pour Paris. Le seul fait d'une condamnation pécuniaire, qui allait être soldée, était inéfficace, il fallait donc une action correctionnelle , et M. Genty eut soin de se la réserver.

» Mes conjectures sur ce point sont si bien fondées, qu'avant la décision prétendue contradictoire : car je ne fus admis ni à me défendre personnellement , ni par un fondé de pouvoirs, ni à me présenter devant le Conseil, je sollicitai un passe-port pour Paris qui me fut refusé, et à cette nouvelle infamie je répondis , à la date du i3 avril 1833, par la sommation suivante :

L'An mil huit cent trente-trois, le 13 avril, à la requête de M. Cappé, avocat à la Cour Royale de Paris, demeurant à Alger, en sa maison, rue des Lotophages, n. 5o; où il élit domicile.

J'ai Isidore Bellaguet, huissier audiencier près les Cours et Tribunaux d'Alger, y demeurant, rue d'Orléans, n. 89; dûment assermenté et patenté sous le n° 119, première classe.

Soussigné, signifié et déclaré à M. Lauxerrois commissaire général de la police d'Alger y demeurant, rue Duquesne, n. 59; en son domicile, en parlant à sa personne.

Et à M. Cottin, commissaire du Roi près la municipalité d'Alger, y demeurant, rue Socgemah, n... en son domicile, en parlant à sa personne.

Attendu que le requérant, appelé en France pour ses affaires, s'est présenté ce jour 13 avril, dix heures du matin, au commissaire général de police, en ses bureaux, rue Duquesne, n. 59, à l'effet de retirer et faire expédier son passeport, demeurant l'offre, pour échapper à tout prétexte d'un refus illégal d'accéder à sa réquisition, de payer à l'instant, mais sous toutes réserves, le montant des condamnations prononcées contre lui par le Conseil d'administration de la Régence en sa décision du 2 avril courant, rendue par défaut, et de fournir en outre, telles cautions exigées; que ce fonctionnaire, ayant de délivrer ce titre, a prétendu devoir au préalable, en référer à M. l'Intendant civil, dont à cet égard il avait les ordres à prendre, ordres qu'à l'heure de midi seulement il pourrait connaître et communiquer;

Attendu qu'à ladite heure de midi, le requérant s'est

de nouveau présenté à M. le commissaire général de police, pour lui réitérer sa réquisition d'un passeport dont le refus ou le seul retard de délivrance devait compromettre, au plus haut point, ses convenances et ses intérêts; qu'à ces représentations, ce dernier à répondu qu'il venait de recevoir l*ordre exprès*, de M. l'Intendant civil, de refuser ledit passeport et de s'opposer au départ du requérant.

Attendu que cette disposition du pouvoir est attentatoire à la liberté individuelle et constitue le crime prévu par l'art. 119 du Code pénal, le requérant fait toutes réserves de droit afin de réparation et de dommages-intérêts, réitérant néanmoins le requérant, sa réquisition et ses offres consignées d'autre part, et a signé. CAPPÉ.

Le sieur Cottin, commissaire du Roi près la municipalité, m'a répondu que la délivrance de passeports n'étant pas dans ses attributions, cet acte ne le regardait pas et qu'il n'avait aucune autre réponse à y faire; sommé de signer sa réponse, a refusé.

En conséquence de la réponse de M. Cottin, nous avons, pour le requérant, fait toutes réserves de fait et de droit; nous avons fait et rédigé ces présentes pour servir et valoir, ce que de raison, et dont nous avons laissé, copie, à mon dit sieur Cottin, et avons signé.

BELLAGUET.

Et ensuite étant retourné chez M. Lauxerrois, nous l'avons invité, *parlant à sa personne*, à répondre à la présente sommation : lequel dit sieur Lauxerrois m'a déclaré n'avoir aucune réponse à faire, sommé de signer son dire, m'a déclaré ne le vouloir.

Contre lequel dire de M. Lauxerrois, nous avons pour le requérant, fait toutes réserves de fait et de droit et avons rédigé ces présentes pour servir et valoir ce que de raison, dont nous avons laissé copie audit sieur Lau-xerrois parlant à sa personne, coût trois fr. non compris déboursés. BELLAGUET.

« Désormais nul espoir d'éviter le cours de tant de turpitudes sans échapper aux serres de mes tyrans, alors cependant n'était pas encore ren-due la décision définitive sur mon opposition, qui devait affronter toute pudeur, me débouter au fond (1) et me préparer une condamnation cor-porelle. Je quittai donc clandestinement la ville, et allai errant de campagne en campagne, en deçà et en delà des avant-postes, à travers mille périls, chercher l'hospitalité sous le toit de gé-néreux colons et indigènes, en attendant que mes nombreux amis, trompant la vigilance des sbires de l'intendance et de la force armée, qui, jour et nuit, veillaient sur mes pas, eussent traité avec le capitaine d'un bâtiment marchand pour mon transport en France. La difficulté était grande non seulement à cause des terreurs inspirées par le pouvoir ; mais encore parce qu'avant la levée de leurs ancres tous les bâti-mens sortant du port étaient soigneusement vi-sités par la police, même au large, pour s'assurer que je n'étais pas à bord, ni parmi les passagers

---

(1) Mais dignement affecté de cette hideuse sentence, le Ministre de la guerre, en répouse à ma plainte, a immédiatement interdit la continuation de son exé-cution à laquelle on procédait avec acharnement sur mes meubles et immeubles, Maintenant le Conseil-d'État est saisi de mon pourvoi.

ni travesti, parmi les matelots, ni enfoui dans quelques colis.

» Cependant après quinze jours de pélérinage dans les champs et d'exil de la ville, un messager me porte l'avis, dans la propriété de M. Jubin, où j'étais alors refugié, que dans quelques heures le brick du commerce le *Télégraphe* doit mettre à la voile vers Toulon, et que j'aie à me rendre sur le rivage au-dessous de l'habitation rurale du consul général d'Angleterre, où un bâteau pêcheur me prendrait et me conduirait en mer pour monter à bord du bâtiment en voyage; soudain je fais prendre ma valise, toujours disposée, par un Bédouin, et à travers champs, après deux heures d'une marche rapide, je parvins au lieu indiqué. Je saute dans la barque, déjà à son poste, qui simulait la pêche pour déjouer les soupçons de la surveillance, la voile est amarrée au vent et nous voguons vers le point convenu; mais la fureur des flots semble s'opposer à nos projets, à chaque instant la nacelle est menacée d'être engloutie sous leurs efforts. Le matelot sarde abandonne le gouvernail et implore l'intervention secourable du Ciel. Je le remplace à son poste et pousse vers ma destination, en même tems que j'exhorte ce lâche fanatique au courage et à la résignation. Il se relevait enfin lorsqu'une horrible vague, qui

emplit le bâteau, le renverse ; il se relève encore,
une vague nouvelle le frappe et l'étend ; enfin
une troisième fois il se remet sur pieds, blas-
phême son Dieu , et raidit la voile ; puis , saisis-
sant le gouvernail , que je quitte aussitôt, il di-
rige la proue vers le bâtiment qui nous dépasse
et nous fuit ; mais à notre signal , il manœuvre
pour nous joindre, l'abordage s'opère et je m'é-
lance à bord

» Pendant ces pénibles travaux et ces cruelles
angoisses, les lunettes de la marine sont braquées
sur nous et observent nos mouvemens, et l'on
soupçonne que j'embarque, tandis qu'en ville
on proclamait ma fuite , on se félicitait récipro-
quement de ma délivrance et du salut commun.
L'intendant ne tarde pas à être averti de cet événement, et aussitôt il donne ordre au trop docile
commandant de la station de lancer un bâtiment
à ma poursuite, de me saisir et de me traîner
dans les cachots d'Alger ! De quel droit et pourquoi?

» La corvette l'*Iris*, la plus fine voile du port,
se met immédiatement en chasse, et après trois
jours de recherches vaines, elle rentre sans amener sa proie. Allégresse générale et triomphe
chez tous les administrés; mais désespoir et co-
lère chez l'administrateur. Alors M. l'intendant
civil avise à un autre moyen : il sait que la qua-

rantaine à Toulon me retiendra dix jours, et
hazarde de faire dresser et expédier un mandat
d'amener (1) par son commis le sieur Haute-

---

(1) Nous, HAUTEFEUILLE, procureur du Roi, près les tribunaux
d'Alger, juge d'instruction près la Cour criminelle,

Ordonnons

Que le sieur CAPPÉ, se disant avocat à la Cour Royale de Paris,
prévenu d'outrages envers des fonctionnaires publics à l'occasion
de l'exercice de leurs fonctions, et fugitif d'Alger *sans passeport*,
soit saisi partout où il se trouvera et renvoyé à Alger, pour y être
déposé à la prison civile.

Mandons et Ordonnons

A tous huissiers sur ce requis, de mettre le présent mandat à
exécution, à tous commandans et officiers de la force publique
d'y prêter main-forte lorsqu'ils en seront légalement requis.
Au parquet, à Alger, le vingt sept avril, mil huit cent trente-trois

Le procureur du Roi, juge d'instruction.

Signé
HAUTEFEUILLE, à l'*original*.

L'An mil huit cent trente-trois, et le vingt-huit mai, en vertu
du mandat de dépôt ci-dessus décerné par le procureur du Roi
juge d'instruction d'Alger, le vingt-sept avril dernier, contre le
sieur CAPPÉ, et à la requête de mondit sieur le procureur du Roi
juge d'instruction à Alger, je Augustin Louis Brun, huissier audiencier, reçu, assermenté, immatriculé et exerçant près le tribunal de première instance, séant à Toulon (Var), demeurant audit Toulon, rue Lafayette, n. 84, patenté sous le n. 7, soussigné,
me suis rendu au lazaret du port de Toulon, où, étant et parlant

feuille, intitulé procureur du roi et juge d'instruction, homme incapable et bourru, le cour-
tier et le promoteur de l'usure, le valet et
l'espion du pouvoir, le délateur et le bourreau
de ses amis; et cette odieuse pièce est envoyée

à la personne du sieur Cappé, en lui exhibant ledit mandat de
dépôt, l'ai sommé de me suivre, à quoi il a répondu être prêt à
obéir, en conséquence, l'ai de suite conduit au palais de justice
dans la maison de détention de cette ville, à quoi il a satisfait, et
de suite l'ai conduit dans ladite maison d'arrêt, où arrivés à la
geôle d'icelle, l'ai mis sous la garde et responsabilité du sieur
Berenguier, concierge de ladite maison, jusqu'à ce qu'il soit autre-
ment dit et ordonné, par qui de droit, et à cet effet lui ai fait l'exhibition dudit mandat de dépôt qu'il a de suite inscrit sur le re-
gistre des détenus, à la suite de laquelle transcription, j'ai écroué
ledit sieur Cappé pour qu'il soit en dépôt, et de suite ledit sieur
Cappé nous a déclaré que, «citoyen français et sur le territoire de
la France, il ne devait obéissance à aucun pouvoir étranger
ou institué en dehors des lois constitutionnelles du royaume;
que le mandat de dépôt décerné à Alger contre lui le vingt-sept
avril mil huit cent trente-trois, par un employé de l'intendance
civile (comme tous les membres des divers tribunaux de la régence) avec titre de procureur du Roi et de juge d'instruction,
était dès lors un acte sans les caractères requis pour être exécuté
à Toulon, par les agens de l'autorité française.» Pourquoi il proteste et déclare ne déférer à notre sommation de nous suivre que
comme contraint et forcé, requis de signer, et à signé. CAPPÉ.

De tout quoi ai fait et dressé le présent procès-verbal à la geôle
de ladite maison d'arrêt, auquel j'ai donné cette copie avec celle
dudit mandat, et me suis soussigné, en parlant à sa personne.
Coût six francs.   Brun.

à M. Chassan, chef du parquet de cette dernière
ville avec une lettre suppliante de la mettre à
exécution, et ce magistrat, récompensé depuis
par un brillant avancement, énivré sans doute de
la flatteuse prière que lui adressait le chef civil
de la Régence qui se targuait en même tems,
connaissant bien son homme, d'avoir dans ses
mains les pouvoirs d'organiser une Cour royale en
Alger et d'en choisir le personnel, n'hésita pas,
en violation des articles 5, 7, 24 et 98 du Code
d'instruction criminelle, d'exécuter, sur les terres
de France, un mandat décerné d'un pays étranger, même par un officier incompétent sans nul
caractère judiciaire loin de la caverne où il siége,
et pendant vingt-neuf jours je subis une capti-
vité arbitraire, qui dura et finit comme elle avait
commencée, toujours arbitrairement (1).

---

(1) Nous procureur du Roi près le tribunal civil de première
instance de Toulon, certifions que M. CAPPÉ, avocat à la Cour
Royale de Paris, qui était détenu dans la maison d'arrêt de Toulon en vertu d'un mandat de dépôt décerné par M. le juge d'instruction d'Alger, a été mis hier au soir en liberté par suite du
retrait dudit mandat de la part de mondit sieur le juge d'instruction d'Alger. La présente attestation est donnée à M. CAPPÉ,
sur sa demande, afin qu'il ne puisse être inquiété ni recherché
à raison dudit mandat si quelque *duplicata, triplicata,* etc.
avaient été envoyés dans l'intérieur.

Fait à Toulon, le vingt juin, mil huit cent trente-trois.

CHASSAN.

» J'arrivai enfin à Paris, sans nouveau malen-
contre, le 1er juillet dernier, et bientôt les journaux de toutes les couleurs politiques retenti-
rent, non de mes plaintes personnelles; mais, par
mon organe, de celles des colons et des indigènes, sans cesse spoliés, outragés, torturés
par l'administration algérienne dirigée par ce
M. Genty. Toujours préoccupé des mêmes intérêts,
toujours j'ai réclamé des lois à la place du *bon
plaisir*, de l'humanité en échange de tant de
barbarie, de la justice au lieu de cette constante
iniquité qui fait honnir, à si juste titre, le nom
Français dans ce pays où il pourrait aisément recueillir des hommages avec des richesses, si
notre domination n'était pas plus brutale, plus
concussionnaire et plus spoliatrice que celle des
anciens Deys; si nous avions gardé la foi promise,
respecté le droit des gens, les mœurs et les
usages garantis d'ailleurs par la capitulation
d'Alger; craint de profaner les temples consacrés
aux cultes; protégé la propriété au lieu de l'enva-
hir et de la confisquer; diminué la charge des
impôts loin de les multiplier et d'en écraser les
populations; si nous avions traité l'homme avec
dignité et non en vil esclave; si enfin la ruse et la
fraude, l'extorsion et la violence, n'étaient en
permanence d'attenter aux affections et à la fortune, à l'honneur et à la liberté des citoyens; car il

ne faut pas se dissimuler que c'est à ces constantes calamités , œuvre de la rapine et du brigandage, qu'il faut attribuer notre irréparable déconsidération , le découragement général, les hostilités incessantes, les assassinats fréquents qui désolent l'armée, éloignent de toute entreprise agricole, industrielle et commerciale, font deserter et craindre l'approche de ces délicieux climats.

» Dans mes nombreux écrits , on n'a jamais lu ni des expressions qu'un juste ressentiment contre tant de turpitudes auraient pu justifier, ni des paroles offensantes envers le roi des Français, dont toujours au contraire j'ai invoqué la magnanimité au secours de mes malheureux commettans. Ma lettre à S. M. , à la date du 6 novembre, n'est-elle pas conçue dans les termes de la plus rigoureuse convenance, et si elle a encouru quelques reproches , c'est de l'humilité de son style. Oui ce reproche un journal de Toulon me l'a vertement adressé, quelques autres encore ont exprimé la même censure , en même tems que l'un d'eux en insérant cette lettre dans ses colonnes la fesait précéder et suivre d'observations, aux principes desquelles j'ai voulu rendre hommage en reproduisant par la presse parisienne l'intégralité de l'article, où je n'ai trouvé et ne trouverez , vous-mêmes, Messieurs, que la pensée philanthropique de révéler à l'ouvrier inoccupé et malheureux , le siége du travail et du bien être animal ; c'est cependant sur ce langage à mes yeux inoffensif , inoffensif aussi aux yeux du parquet de l'arrondissement où il a d'abord été proclamé , que le parquet de Paris a découvert une offense envers la personne du roi, spécialement dans l'avant dernier paragraphe de cet écrit. Pour vous édifier, Messieurs, je vais me permettre de vous faire la lecture entière de cette pièce :

Il faut bien se garder de croire que ces coalitions qui embrasent non-seulement le sol de la France, mais encore celui d'autres nations civilisées, soient une conjuration organisée par des mains ennemies de l'ordre public, quand ce n'est que l'instigation spontanée du malaise général de la classe la plus nombreuse, la plus utile, la plus forte et la moins appréciée de la société , qui revendique sa part dans le développement du bien matériel progressif dont elle n'a jusqu'à ce jour recueilli que les charges et les inconvéniens ; sans doute , le tems et les circonstances en pourront faire des associations formidables , funestes aux envahissemens incessants du pouvoir sur les plus imprescriptibles droits populaires ; et ce tems et ces circonstances, à la vérité, se font déjà sentir près de nous !

Vingt années d'une honteuse paix ont laissé l'humanité consommer les actes de sa terrestre destination, et préservé l'existence à ses fruits. Les populations se sont prodigieusement accrues, surtout dans la catégorie déjà a plu s nombreuse, des hommes de travail, et, avec elles,

les besoins universels, le prix des denrées, des matières premières, celui des consommations, les impôts de toute nature ; les salaires seuls sont restés impitoyablement stationnaires, lorsqu'ils n'ont point baissé, tant la concurrence des bras a été calamiteuse aux sueurs des uns, et favorable à l'égoïsme des autres.

Ce mal empire toujours, empire encore, et malgré la modicité, l'insuffisanse de leur *journée*, une masse innombrable d'ouvriers reste inoccupée, en proie aux rigoureuses nécessités de la vie animale et aux tortures d'une cruelle civilisation. Unanimes dans l'expression solennelle de leurs douleurs, ils se concertent pour tenter de les amender dans des réunions inoffensives qui, hélas ! n'obtiendront qu'une faible partie de l'efficacité qu'ils en espèrent et que nous leur devons tous souhaiter ; ainsi leurs maux, pour cesser peut-être de frapper si durement quelques-uns d'entre eux, n'en seront pas moins toujours à peu près les mêmes, si l'État n'intervient point paternellement dans cette suprème occurence.

Des peuples inutilement gorgés de l'or du continent européen, en échange des produits naturels de leurs terres de promission, sans arts ni industries, sans commerce ni agriculture, livrés à la plus déplorable ignorance et à l'avarice la plus sordide, n'attendent sans doute qu'un exemple meilleur, que l'invasion parmi eux de l'homme bon et éclairé, pour imiter ses pratiques et embrasser les délices d'une vie nouvelle. A quelques lieues de nos frontières méditerranées, à deux jours de navigation de nos ports, se trouve cette immense régence d'Alger, au sol le plus fertile, au climat le plus fortuné, tombeau de richesses et asile d'une constante santé, dont la population indigène, bien que rare, comparativement à la vaste étendue de territoire, n'est pas moindre de 5,000,000 ; pays où sont conviés et près d'accourir de tous les points du globe, sitôt la proclamation du *règne des lois et de la justice*, des capitalistes et des agronomes, des commerçans et des industriels, pour exploiter les avantages indicibles de cette admirable possession, où pourraient, à l'aise, s'utiliser, dans leurs professions respectives, tant d'honnêtes malheureux auxquels le travail manque ou un salaire suffisant pour subvenir aux plus strictes besoins. Cette émigration accomplie, émigration impatiente de prendre son essor, la surabondance des bras cesserait en tout lieu, l'occupation serait alors assurée à chacun avec des allocations proportionnées, au moins, aux impérieuses nécessités du travailleur. Mais ce projet était la pensée avouée de la restauration, du gouvernement de droit divin, et le pouvoir issu de la révolution, ce pouvoir populaire lui serait opposé ?.... Quelle amère déception !

Quand ces prétendues coalitions sont dignes de tant de sollicitudes, des méditations assidues du philanthrope, pourquoi, loin de manifester une loyale sympathie avec ces sentimens d'humanité, loin d'apporter soudain le remède au mal, le pouvoir ne fait-il qu'entasser dans les prisons des citoyens vertueux, restés dans la limite de leurs droits et qui ne demandent que du *pain* et des *labeurs ?* Pourquoi, lorsque par un seul acte de sa pure faculté, s'il n'est pas dans les liens d'une flétrissante tutelle, la RECONNAISSANCE OFFICIELLE D'ALGER, il peut laisser s'écouler, sans débordement, ce torrent qui finira par rompre la digue et recueillir des bénédictions universelles, avec d'immenses richesses pour la métropole, abandonne-t-il cette glorieuse conquête, la seule qui nous rappelle les trophées de l'Empire, à l'incertitude de l'avenir et aux déchiremens du présent, sous une administration de *bon plaisir*, arbitraire et tyrannique, spoliatrice, concussionnaire et vandale? Pourquoi?.. Cependant, en même tems que cet état de choses est l'œuvre de sa création, les monstrueux abus qu'exercent ses agens, sont parvenus à sa connaissance et par la voie des pétitions, parties de ces contrées, et par l'intermédiaire du député d'Alger à Paris. Mais rien ne change, rien ne semble devoir changer dans cette gestion *anti*-constitutionnelle et *ultra*-barbare! La lettre ci-dessous, adressée au roi, en est un flagrant témoignage nouveau.

Paris, 6 novembre 1833.

AU ROI DES FRANÇAIS.

Sire,

« Les régnicoles, les étrangers et les indigènes habitant l'ancienne régence d'Alger, ont parcouru tous les degrés de la hiérarchie du pouvoir, pour faire entendre leurs doléances et leurs plaintes; dénoncer la spoliation permanente de leurs biens meubles et immeubles au profit des militaires et des administrateurs; signaler les attentats fréquents aux lois, aux mœurs, aux cultes et à la liberté individuelle; les exactions, les brutalités et les tyrannies, dont se rendent chaque jour coupables les autorités locales, notamment l'Intendant-Civil; calamités sous lesquelles succombent, au sein même des élémens de leurs progrès, l'agriculture, le commerce et l'industrie; la confiance publique, l'honneur national et l'avenir de cette belle colonie. Mais, c'est en vain, leurs maux et leurs angoisses, loin de cesser s'aggravent toujours, et leur dernière espérance, leur unique refuge, n'est plus que dans la magnanime justice de votre majesté.

» Député de la colonie d'Alger, c'est au nom de ces populations si malheureuses, que je porte aux pieds du trône des griefs et des gémissemens qui ont subi toutes les indifférences, dans la conviction où je suis que le Roi des Français ne souffrira point que sous la protection de ses armées, le droit des gens et la capitulation d'Alger, les lois positives et humaines, soient incessamment violées ! »

J'ai l'honneur d'être avec un profond respect,

Sire, de VOTRE MAJESTÉ,

Le très humble et très obéissant serviteur,

Cappé, *avocat.*

Député de la colonie d'Alger,
rue Passage-des-Petits-Pères, n° 1.

Après trois années de parjures et de prévarications, d'affronts et d'impertinences, c'est en vérité avoir une foi bien robuste en l'humanité et en la conscience, en l'honneur et en la politesse de M. Louis-Philippe, de croire qu'il daignera jeter les yeux sur des hommes que ses agens enchaînent dans la misère et le désespoir, et qu'il fera même une réponse quelconque à la supplique du député d'Alger. Il n'y a rien là, au jugement de *sa Majesté Citoyenne*, qui intéresse ses augustes sollicitudes dynastiques et doctrinaires, seuls élémens de *sa pensée immuable !*

Quelle autre preuve plus puissante à exposer du dé-

1

dain de nos gouvernans pour les douleurs publiques,
les prospérités et les gloires nationales, que leur opiniâtre
refus de fixer l'état de notre conquête, et leur persistance
inflexible à conserver à la tête de l'administration civile
d'Alger, ce sieur *Genty* se disant *Bussy* qui de petit clerc
d'avoué et recueilli par la charité du duc de Coigny,
commença sa carrière administrative au secrétariat des
Invalides, dont plus tard il congédia son protecteur du
gouvernement, après lui avoir astucieusement arraché,
quelque tems avant, la signature pour des admissions à
l'Hôtel, d'hommes sans aucun titre, qui satisfirent à de
honteuses conditions ; ce même homme qui lors de la
campagne liberticide et sacrilège de 1823, laissa, en
qualité de sous-intendant militaire adjoint, de si funestes
souvenirs de ses expédiens à l'Ile de Léon, et qui, depuis bientôt dix-huit mois, torture impunément, en
Alger, de concert avec un sieur Paravay, chef de bureau
à la Guerre, son complice, toutes les existences, et attente à tous les droits, à toutes les lois et à tous les sentimens! !   K. P.

» Le délit poursuivi se trouverait dans ces
mots : « après trois années de parjures et de
» prévarications, d'affronts et d'inpertinences,
» c'est avoir, en vérité, une fois bien robuste en
» l'humanité et la conscience en l'honneur et la
» politesse de M. Louis-Philippe de croire qu'il
» daignera jeter les yeux sur des hommes que
» ses agens enchaînent dans la misère et le dé-
» sespoir, et qu'il fera même une réponse quel-
» conque à la supplique du député d'Alger. Il n'y

» a rien là au jugement de S. M. citoyenne qui
» intéresse ses sollicitudes dygnastiques et doc-
» trinaires seuls élémens de sa pensée immuable».

» Il est certes très-évident que l'acrimonie de
ces phrases ne peut s'appliquer , ni en fait ni
en droit , au roi des Français, qui d'ailleurs , au
6 novembre dernier date de l'écrit, ne comptait
pas trois années de règne; mais bien seulement
aux agens des divers gouvernemens qui se sont
succédé en France durant ce laps de tems; les
quatre épithètes qui suivent les quatre premières,
qui ne sont du reste qu'inconvenantes et non
criminelles, sembleraient bien effectivement, au
premier aperçu, s'adresser à Louis-Philippe, ou
plutôt à quiconque, sans examen des actes, croi-
rait aveuglément, à *l'humanité* et à *la conscience*,
à *l'honneur* et à la *politesse* du roi; enfin c'est
un tort que le journaliste adresse à ma foi , à ma
débonnaire confiance , de faire cesser la tyrannie et la concussion, les attentats aux personnes
et aux biens dans la colonie d'Alger, en exposant
cette somme des griefs à S. M. dans ma lettre
precitée.

» Pour démontrer plus manifestement encore,
s'il pouvait rester quelque doute dans l'esprit
du jury, que telle a dû être la pensée de l'auteur
de l'écrit et surtout celle du copiste, la mienne
enfin, il suffit de relire les premières lignes du

paragraphe immédiat au paragraphe incriminé, où l'écrivain dit : « Quelle autre preuve plus puis- » sante à exposer du dédain de nos gouvernans » pour les douleurs publiques, les propriétés et » les gloires nationales que...., etc., » D'abord il énonçait un principe appuyé de faits notoires , ensuite il le corrobore et l'affirme par une nou- velle preuve. Il est donc bien avéré qu'il n'y a pas d'offense faite au roi dans l'écrit incriminé, ni même dessein de l'offenser, et que les deux para- graphes , discutant la même idée , sont également et exclusivement applicables aux gouver- nans d'avant et d'après juillet.

» Indépendamment de cette victorieuse des- monstration , qui doit convaincre mes juges de l'inculpabilité de l'écrit attaqué, il est constant qu'il n'a été ni publié ni distribué, et qu'il n'y avait plus intention de distribution et de publi- cation, puisque deux mois après son impression, la totalité du tirage, ou à peu-près, a été trouvée et saisie chez moi.

» Ce n'est pas , vous le savez, Messieurs , l'im- pression qui constitue le crime ou le délit, c'est la publication et la distribution qui peuvent seuls lui donner ce caractère ; eh bien ! ces deux circonstances essentielles manquent à la préven- tion , l'instrument du prétendu préjudice est resté sequestré dans mon domicile et au greffe ;

cependant, comme je l'ai déclaré dans mon interrogatoire devant le juge d'instruction, un sieur Quinault, autrefois mon secrétaire, remit dix exemplaires de cet écrit à un crieur qui, à tort sans doute, prétendit avoir besoin de ce nombre pour faire sa déclaration et son dépôt à l'autorité; maintenant a-t-il distribué les sept ou huit exemplaires qui durent lui rester? c'est ce que j'ignore complètement ; mais il est indubitable qu'ils n'ont produit ni pu produire aucun mal, aucune sensation dans la cité capitale , et je suis justement autorisé à croire, qu'avant l'audience, cet écrit n'était connu même ni du jury ni de la Cour.

» D'où, après ces explications si sensibles et si vraies pour toutes les intelligences, a pu surgir l'accusation qui pèse sur moi. Ce n'est certes pas de mes antécédans politiques ; car toujours je restai étranger à toute manifestation de cette nature ; jamais mon nom ni ma pesrsonne ne participèrent ni à des émeutes, ni à des associations ni à des complots. Une fois seulement la violation de la Charte mit les armes à la main de tous les citoyens amis de l'ordre , de la liberté et des lois ; l'exemple et mes convictions me poussèrent à l'imitation de cet acte de patriotisme dont les résultats allèrent peut-être plus loin que je ne l'espérais , ne le désirais, ne le voulais. Des ministres responsables avaient forfait en conseillant et contresignant l'ordonnance néfaste du 25 juillet; eux seuls, dans ma pensée, devaient supporter la peine de ce crime public, et le roi Charles X survivre inviolable aux coups mérités par les violateurs du pacte constitutionnel; tels étaient les principes de la loi politique et peut-être aussi les conseils de la prudence; nous aurions aujourd'hui un budget inférieur de quelques centaines de millions, plus de quiétude, moins d'affronts et subi avec plus de résignation les effets calamiteux, pour l'espèce humaine, de l'ignorance dévote que de la mauvaise foi impie! C'est donc, tout effet ayant sa cause, à l'insigne qui me décore, symbole désormais, au yeux du pouvoir, de suspicion flagrante de républicanisme et d'anarchie, que je dois reporter le zèle turbulent du ministère public à mon égard? Hélas ! erreur grossière à lui, moi qui crois que la république, espoir de l'homme de bien, destinée à régir un jour l'univers civilisé, n'est possible qu'autant que chaque citoyen de la même aggrégation pourra lire et commenter ses constitutions, qu'il professera le plus grand respect pour les fonctionnaires, et le plus profond éloignement pour les fonctions, qu'il n'acceptera des attributions publiques que comme une charge et non comme un émolument, dont l'amour de la patrie sera la première et la plus ardente de ses affections?

» Ce que je veux aujourd'hui, et certes pour

bien des années encore , c'est un gouvernement
monarchique représentatif, toujours dans les voies
du progrès libéral et des économies publiques,
probe et loyal , soigneux de l'instruction populaire et jaloux de l'honneur et des intérêts na-
tionaux. Je veux un culte fervent pour la constitution, un respect absolu pour la loi si vicieuse
qu'elle soit *stulta lex*, *sed lex* : car il doit résul-
ter plus d'inconvéniens et de malheurs à l'en-
freindre qu'à l'observer jusqu'à son rapport par
les voies régulières.

»Avec de tels principes, dont je confesse la sincérité, l'ordre des choses n'a pas en moi un ennemi
à terrasser; mais un censeur hargneux, d'ailleurs
facile à satisfaire!

» Je n'ai plus rien à dire pour ma défense, ici
finit ma tâche, la vôtre, Messieurs, va bientôt com-
mencer ; vous en appellerez à vos consciences ,
si pour avoir désiré, un instant sans effet, donner
de l'écho à la voix solitaire d'un journaliste pro-
vincial, consignée dans un écrit, d'ailleurs irré-
préhensible, j'ai mérité le courroux des lois; vous
apprendrez par votre décision et à cet auditoire de compatriotes et d'Algériens , à la France
et à la Régence conquise, si pour prix de mon
dévouement et de ma constance , en réparation
de mes sacrifices et d'un long martyre, la Justice
me réserve des peines; mais quel que soit le ré-
sultat de vos sages délibérations, je l'accueillerai

avec la certitude que vous êtes restés citoyens in-
tègres et sourds à toute influence du dehors,
que vous n'aurez cédé qu'à d'équitables et dignes
inspirations. »

OBSERVATIONS DU STÉNOGRAPHE.

Après le résumé des débats, le jury s'est retiré
dans la salle de ses délibérations, et, un quart
d'heure après, il est rentré pour lire sa déclaration portant : «que M. Cappé *n'est pas coupable.*»
En conséquence la Cour a prononcé son acquit-
tement et la maintenue de la saisie de l'écrit incriminé.

En rendant compte de ce grave débat, les
jeunes gens préposés à l'audience par les entre-
prises de journaux, n'ont aperçu, en général,
qu'un côté plaisant, et l'ont exploité avec leur
grâce et leur étourderie ordinaires, ne ménageant
ni le sarcasme ni le mensonge pour laisser à leur
esprit un libre essor ; ils n'ont pas voulu comprendre que M. Cappé, député d'Alger, traduit
en Cour d'assises, pour un écrit publié dans l'intérêt de cette colonie et de ses habitans, a moins
songé à se défendre personnellement qu'à porter une accusation solemnelle, contre les vam-
pires qui se gorgent de la substance des biens
et des hommes de ce pays, foulant aux pieds
les lois de l'éternelle justice et de l'humanité ; et

ce but, M. Cappé l'a rempli avec la générosité, le talent et la dignité que chacun lui connaît.

Nous ne citerons que deux traits de cette gaité bouffone, et certes très inopportuns dans une telle occurence, qui ont dû provoquer les ris, peut-être aussi les répugnances du public, car dans ce prétendu *marchand de dattes, du boulevard*, armé d'une pipe et couvert d'une toque jaune, qui serait entré, aurait baillé par trois fois et, un quart d'heure après, déserté la salle, on désignait, à ces signes, l'ex-conseiller d'État de la Régence, le vénérable Sidi Hamdem, dans la tenue la plus riche, appuyé sur sa canne, accompagné de son fils, d'un ministre de la Régence de Tunis, et de Sidi Amin Secca ex-aga des Arabes ou général en chef. Les journaux ensuite ont raillé, presque de concert, leurs articles divers émanant de la même plume, le reproche de *zèle turbulent* adressé au ministère public par le prévenu, comme s'il n'y avait pas, au moins turbulence, désir d'agiter à fouiller le domicile du citoyen à la première heure du jour, à saisir le produit de son intelligence, à le soumettre, par mandat de comparution, à un interrogatoire, à lui signifier cent actes et à l'appeler en Cour d'assises, pour avouer qu'il n'est pas coupable! La *Gazette de France* est le seul journal qui soit, à-peu-près, resté à ce sujet dans les bornes des convenances et de la vérité, et pour expliquer la conduite contraire des autres feuilles, nous devons penser que c'est la manifestation des principes politiques de M. Cappé , mal compris par ces Messieurs les rédacteurs, qui aura excité l'amertume de leur verve.

Pour être, en tout point, fidèle narrateur des débats, nous devons ajouter que M. le président des Assises a plusieurs fois interrompu M. Cappé, pour lui rappeler qu'il accordait trop aux intérêts d'Alger et pas assez à ceux de sa défense , en effet on eut cru qu'il fulminait un réquisitoire, au nom de ses commettans, contre l'intendant civil Genty qui serait un monstre , avide d'or , de sang et de tortures, n'ayant de passions que celles des biens et des tyrannies, de capacités que celles de la trahison et de l'astuce; au reste, le personnage semblait déjà connu, car dans l'auditoire ce langage trouvait de bruyants approbateurs.

NOTA : Nous devons ajouter, pour répondre à la fausse allégation que M. CAPPÉ aurait demandé l'introduction des Algériens à l'audience , que cette prévenance est sortie de la bouche de son avocat, conformément au vœu d'une lettre écrite par Sidi Hamdem et déposée sur le barreau.

Extrait des minutes du greffe du Tribunal de Paix et de Police correctionnelle d'Alger.

Pour servir de complément aux pièces contenues aux pages 19 et 40.

LOUIS-PHILIPPE premier, Roi des Français, à tous ceux qui ces présentes verront, salut :

Faisons savoir, qu'en l'audience du 24 octobre 1832, le Tribunal de Paix a rendu le jugement suivant en la cause où le sieur Cappé, propriétaire et avocat , demeurant rue des Lotophages, n. 30, était demandeur, contre le sieur Antoine Danton, et la dame Rose Gravier, domestiques de M. le général Buchet, demeurant même rue, même maison, défendeurs ;

M. Cappé expose que le sieur Danton et la dame Gravier, se prétendant domestiques du général Buchet, parti pour France, depuis plus de quinze jours, occupent seuls et gratuitement, une maison sise rue des Lotophages, n. 30, connue sous le nom de palais d'*Adgy Yiussouf* et dont il est propriétaire ; qu'ils se refusent à la quitter et à lui en rendre les clefs ; qu'ils lui refusent également l'entrée de ladite maison, dans laquelle il ne peut pénétrer qu'avec l'assistance d'agens de la police ;

Il déclare les avoir fait citer, pour attendu que la maison n. 30, rue des Lotophages est la propriété du requérant, ainsi qu'il en est justifié ; que la susdite maison, naguère occupée militairement par le général Buchet, lequel a quitté cette ville depuis plusieurs jours, pour rentrer en France, est maintenant en la possession et jouissance de deux individus, Antoine Danton et Rose Gravier, qui prétendent avoir été les domestiques dudit général, et jouir de la maison au même titre que ce dernier, c'est-à-dire gratuitement et il conclut en la manière suivante.

Attendu que si leur qualité de domestiques du général, est reconnue à Rosalie Gravier et à Antoine Danton, et que l'autorité veuille et puisse imposer au propriétaire, l'obligation d'abandonner, même sans indemnité, ses maisons, non-seulement aux officiers de tous grades, aux fonctionnaires civils et militaires, mais encore qu'elle étende cette disposition de ses volontés arbitraires aux domestiques de ces derniers, le requérant ne peut croire que, vu l'occupation intégrale, au même titre, de cinq de ses maisons à Alger, qu'un appartement, sur huit, dont se compose la grande maison en marbre, n. 30, rue des Lotophages, dite ancien palais du ministre de la marine du Dey, et que les susdits deux domestiques habitent seuls, soit refusé à la demande et aux besoins personnels du propriétaire, pour en jouir, au moins, jusqu'au retour très-incertain du principal preneur, soit pour se loger convenablement, soit pour surveiller sa propriété ;

Attendu qu'une porte extérieure est commune à la grande et dite maison, qu'habitent lesdits domestiques, et à la petite maison, dite des Esclaves, dans laquelle le propriétaire, de l'une et de l'autre, occupe une modeste chambre, et bien que ces deux maisons ayent leur porte particulière principale à l'intérieur du vestibule, lesdits domestiques, pour leur prétendue sûreté personnelle, et en exécution de prétendus ordres de la place, ferment et refusent d'ouvrir ladite porte extérieure au propriétaire lorsqu'il demande à entrer chez lui, où il n'entre en effet qu'au nom de la loi, et précédé d'un commissaire de police, comme il conste de plaintes et procès-verbaux ;

Attendu que deux puits et une citerne très-abondants sont dans la grande maison pour son service spécial, et qu'un autre puits est dans le vestibule pour desservir la petite ; que néanmoins, lesdits Danton et femme Gravier, s'opposent formellement à ce que le domestique du requérant y puise de l'eau, et s'il persiste, c'est une scène de scandale, l'appel à la garde et la menace du général Danlion, commandant de la place, qui aurait, disent-ils, ordonné ces mesures inouies, attentatoires à l'humanité, à la raison et à la propriété;

Par tous ces motifs, voir dire que lesdits sieur Antoine Danton et dame Gravier seront tenus de produire les titres dont ils s'autorisent pour habiter la maison n. 3o, rue des Lotophages, contre la volonté du requérant, et, à défaut de production ou d'insuffisance desdits titres, contraints à la vider sur l'heure et de faire remise des clefs ;

Et dans le cas où ils seraient admis à continuer la jouissance gratuite de ladite maison, souffrir que le propriétaire loge dans l'un des huit beaux appartemens qu'elle comporte, jusqu'à injonction, par qui de droit, de l'évacuer, et qu'inhibitions soient faites auxdits domestiques de fermer au verrou la porte extérieure de la maison; dire aussi que le propriétaire pourra, au moins, pour sa consommation, faire puiser de l'eau dans le puits établi sous le vestibule.

Antoine Danton et Rose Gravier, déclarent n'être que gardiens pour compte de leur maître, actuellement en France; de ladite maison, et déposent sur le bureau un certificat ainsi conçu :

« Le maréchal de camp, commandant la place d'Alger,
» certifie que la maison n. 5o, rue des Lotophages, est

» occupée par M. le général Buchet, qui est en congé ;
» qu'elle est non-seulement employée pour le service
» militaire, mais encore qu'elle est comprise dans le
» *domaine militaire* (1) Le nommé Danton n'en est que
» le gardien.

» Alger, le 23 octobre 1832.   *Signé* Danlion. »

Le Tribunal,

Ouï les parties en leurs dires et conclusions,

Après en avoir délibéré :

Attendu qu'il résulte d'un certificat délivré le 23 octobre courant, par M. le général Danlion, commandant la place d'Alger, que la maison rue des Lotophages, n. 30, est non-seulement employée pour le service militaire, mais encore qu'elle est comprise dans son domaine.

Attendu que par décision du Conseil supérieur d'administration sous la date du 13 octobre courant, il a été interdit aux Tribunaux de s'occuper des réclamations des particuliers touchant le fait des logemens et domaines militaires.

Attendu que ceux-ci doivent porter leurs réclamations à l'autorité administrative.

Se déclare incompétent et renvoie le sieur Cappé à se pourvoir devant qui de droit (2).

---

(1) Mot inventé par la rapace subtilité de ces *honorables Messieurs* et qu'ils appliquent à désigner, sur un livre spécial, les propriétés qui sont à leur convenance et dont parfois ils radient celles dont la restitution leur est demandée *avec certaines formes*. Ainsi, un M. B.... m'offrit, en plein café, en présence de deux témoins placés à la même table, de faire cesser l'occupation militaire de mes maisons, moyennant *trois mille francs* pour chacune ; mais pas pour un *maravedis* de moins, ajouta-t-il, car trois personnes auront part égale au gâteau, et je ne suis malheureusement pas du nombre, tout de ma part est office d'amitié.

(2) Il aurait donc fallu s'adresser, pour réclamer justice, aux bénéficiaires de la spoliation, car tous les Membres du Conseil d'administration ont dépossédé des propriétaires, pour jouir seuls, même sans payer indemnité, de leurs hôtels et alors que la défense faite par ledit Conseil aux Tribunaux ordinaires de connaître de ces contestations n'avait pour objet que de les affranchir, soin vraiment superflu, de l'embarras de prononcer en de telles matières !